AOMI TI

奥秘天下

HAIZI ZUI AI KAN DE
ZHONGGUO
AOMI CHUANQI

孩子最爱看的 中国奥秘传奇

主编 崔钟雷

北方联合出版传媒（集团）股份有限公司
万卷出版公司

前言
PREFACE

没有平铺直叙的语言，也没有艰涩难懂的讲解，这里却有你不可不读的知识，有你最想知道的答案，这里就是《奥秘天下》。

这个世界太丰富，充满了太多奥秘。每一天我们都会为自己的一个小小发现而惊喜，而《奥秘天下》是你观察世界、探索发现奥秘的放大镜。本套丛书涵盖知识范围广，讲述的都是当下孩子们最感兴趣的知识，既有现代最尖端的科技，又有源远流长的古老文明；既有驾驶海盗船四处抢夺的海盗，又有开着飞碟频频光临地球

的外星人……这里还有许多人类未解之谜、惊人的末世预言等待你去解开、验证。

　　《奥秘天下》系列丛书以综合式的编辑理念，超海量视觉信息的运用，作为孩子成长路上的良师益友，将成功引导孩子在轻松愉悦的氛围内学习知识，得到切实提高。

编　者

奥秘天下
AOMI TIANXIA
孩子最爱看的
中国奥秘传奇
HAIZI ZUI AI KAN DE
ZHONGGUO AOMI CHUANQI

目录
CONTENTS

Chapter 1	**文化之谜**

奥秘天下
AOMI TIANXIA

孩子最爱看的
中国奥秘传奇
HAIZI ZUI AI KAN DE
ZHONGGUO AOMI CHUANQI

Chapter 2　宫闱之谜

目录
CONTENTS

Chapter 3　历史悬案

CHAPTER 1 第一章
文化之谜

　　神秘而又奇特的古代文化，闪现在漫长的历史长河中，抚摸尘封的竹牍，穿越遥远的时空，透过丝丝线索，解读表里玄机。

百万年前 中国古人的生活之谜

AOMI TIANXIA

在山西省南部芮城县西北隅的西侯度,出土了一批石制品,其中包括有切割痕迹的鹿角、烧骨和大量的动物化石。根据古地磁法的年代测定,西侯度石器的年代距今已有180万年。

1965年,在云南元谋县上那蚌村发现了两颗人牙化石、石制品、带有人工凿刻痕迹的动物骨片、烧骨和大量动物化石,据古地磁断代测量,这些化石距

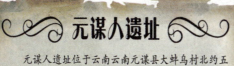

元谋人遗址

元谋人遗址位于云南云南元谋县大蚌乌村北约五百米的山腰,距县城约七千米。它是迄今为止所发现的中国人最早的老祖先的遗址。1982年2月,国务院公布元谋人遗址为第二批国家级重点文物保护单位。

jīn yuē yǒu   wàn nián
今约有170万年。

wàn nián qián de zhōng guó gǔ rén zhèng
170万年前的中国古人正

chǔ yú rén lèi chéng zhǎng de tóng nián shí qī
处于人类成长的童年时期,

cǎi jí   shòu liè hé bǔ lāo shì tā men huò qǔ yī
采集、狩猎和捕捞是他们获取衣

shí de zhǔ yào fāng fǎ   nà shí gǔ rén men duō zhù
食的主要方法。那时古人们多住

zài tiān rán de dòng xué li   huò zhě zài shù shang
在天然的洞穴里,或者在树上

qī jū   tā men zuì chū shì shēng shí   hòu lái cái
栖居。他们最初是生食,后来才

fā míng le rén gōng qǔ huǒ   tā men àn
发明了人工取火;他们按

zhào jì jié qiān xí   jū wú dìng suǒ
照季节迁徙,居无定所。

女娲的传说之谜
AOMI TIANXIA

河南淮阳
女娲塑像。

nǚ wā zuò wéi zhōng guó gǔ dài zuì zǎo
女娲作为中国古代最早
de shén xiān zhī yī yǐ zào rén liàn shí bǔ tiān
的神仙之一以造人、炼石补天
de chuán shuō ér wén míng cháng jiǔ yǐ lái
的传说而闻名。长久以来，
rén men dōu rèn wéi nǚ wā shì yí wèi rén shǒu
人们都认为女娲是一位人首
shé shēn de nǚ shén dàn qīng dài de yì xiē
蛇身的女神。但清代的一些
xué zhě què rèn wéi nǚ wā yuán wéi nán xìng
学者却认为女娲原为男性。
nǚ wā wéi fèng xìng shēng yú chéng
女娲为凤姓，生于成
jì míng zi wéi fèng lǐ
纪，名字为凤里
xī hào wéi nǚ xī shì yīn
希，号为女希氏。因
dāng shí méi yǒu wén zì kě
当时没有文字可

女娲造人传说？

传说，一天女娲经过黄河河畔，她低头沉思这世界还缺什么，当在河水中看到自己的倒影时恍然大悟，缺少的就是像自己这样的"人"。于是，女娲就参照自己的外貌用黄河的泥土捏制了泥人，再施加法力，泥人便变成了人类。

女娲与伏羲壁画。

以表达其名号，因此只能音呼，后人便逐渐依音成字，写做"女娲"，但这并不能说明女娲为女性。

关于女娲炼石补天的传说，一种观点认为，上古时期的人类不知用火，女娲炼五色石补天，使得夜晚光明，食物得以烹饪食用。另一种观点认为，女娲识别五金，从石头中用火把它们提炼出来，将其制造为器物工具。这便是炼石补天的理解了。

中华图腾"龙"之谜

●●●● · AOMI TIANXIA

图腾的含义

图腾一词来源于印第安语"totem",意思为"它的亲属"。在原始人信仰中,认为本氏族人都源于某种特定的物种。

图腾标志的作用

"totem"的第二个意思是"标志"。图腾标志在原始社会中起着重要的作用,它是最早的社会组织标志和象征。

rén men jiāng zhōng
人们将中

huá wén huà chēng wéi
华文化称为

lóng de wén huà
"龙的文化",

jiāng zhōng huá ér nǚ chēng wéi lóng de chuán rén
将中华儿女称为"龙的传人"。

zài liáo kuò de shén zhōu dà dì shang chù chù tǐ xiàn
在辽阔的神州大地上,处处体现

zhe lóng de wén huà zhāng xiǎn zhe duì lóng de
着"龙的文化",彰显着对龙的

chóng bài nà me lóng shì shén me yàng zi de ne
崇拜。那么龙是什么样子的呢?

jù shuō lóng shì yì zhǒng jí jiǔ zhǒng dòng wù de tè
据说龙是一种集九种动物的特

zhēng yú yì shēn de dòng wù tóu shì tuó jiǎo shì
征于一身的动物:头似驼、角似

lù yǎn shì tù ěr sì niú xiàng sì shé fù sì
鹿、眼似兔、耳似牛、项似蛇、腹似

shèn lín sì lǐ zhǎo sì yīng zhǎng sì hǔ
蜃、鳞似鲤、爪似鹰、掌似虎。

zhuān jiā hé xué zhě men jīng guò duō nián de yán jiū hé kǎo
专家和学者们经过多年的研究和考

zhèng chū bù jiē kāi le zhōng huá mín zú lóng de chóng bài zhī mí lóng shì
证，初步揭开了中华民族龙的崇拜之谜：龙是

gǔ lǎo yán huáng zǐ sūn de tú téng
古老炎黄子孙的"图腾"。

kǎo gǔ gōng zuò zhě
考古工作者

zài chū tǔ de wén wù
在出土的文物

zhōng zhǎo dào le lóng zuò wéi wǒ guó
中，找到了龙作为我国

gǔ dài xiān mín tú téng de zuǒ zhèng xī ān
古代先民图腾的佐证：西安

bàn pō yǎng sháo wén huà yí zhǐ zhōng yǒu táo
半坡仰韶文化遗址中有陶

hú lóng wén jiāng sū wú xiàn liáng zhǔ wén huà
壶龙纹；江苏吴县良渚文化

chū tǔ de qì mǐn shang yǒu sì shé fēi shé de
出土的器皿上有似蛇非蛇的

gōu lián huā wén dà liàng shí lì biǎo
勾连花纹……大量实例表

míng duì lóng de chóng bài zài wǒ guó zhì shǎo
明，对龙的崇拜在我国至少

13

yǒu　　　nián yǐ shàng de lì shǐ　nà me lóng dào dǐ shì zhēn shí cún zài　hái shi
有5 000年以上的历史。那么龙到底是真实存在，还是

xū wú de huàn xiàng ne
虚无的幻象呢？

　　yǒu de zhuān jiā rèn wéi lóng shì yóu yú hé shé yǎn huà ér lái de　zuì yuán shǐ de
　　有的专家认为龙是由鱼和蛇演化而来的。最原始的

lóng de xíng xiàng shì xī ān bàn pō yǎng sháo wén huà yí zhǐ zhōng chū tǔ de táo hú lóng
龙的形象是西安半坡仰韶文化遗址中出土的陶壶龙

wén　tā de xíng xiàng wéi shé shēn yú xíng　jìn lái yǒu xué zhě rèn wéi　lóng zài gǔ dài
纹，它的形象为蛇身鱼形。近来有学者认为，龙在古代

què shí cún zài　zhǐ bú guò tā bú jiào lóng　yě bú xiàng rén men xiǎng xiàng de nà yàng
确实存在，只不过它不叫龙，也不像人们想象的那样

龙戏珠
在雕刻等艺术作品上，龙戏珠十分常见。

在中国封建社会,龙是皇权的象征,平民不能将龙作为修饰的图案。

神奇,它是一种巨型鳄——蛟鳄。蛟鳄的外形与龙很像,而且它的寿命很长,可以达到数万年,每到下雨之前,蛟鳄常怒吼不止,其声如雷。古代人无法解释这种现象,对蛟鳄逐渐由恐惧变成了崇拜,最后演化成了对龙的崇拜。

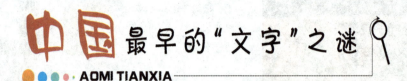

中国最早的"文字"之谜
● ● ● ● AOMI TIANXIA

wǒ guó zuì zǎo yòng kè huà fú hào de fāng fǎ jì shì chǎn shēng yú yǎng sháo wén
我国最早用刻画符号的方法记事产生于仰韶文

huà zǎo qī gōng yuán qián qián nián ér gōng yuán qián nián de
化早期（公元前5000~前4300年），而公元前6000年的

lǎo guān tái wén huà zé shì zuì zǎo chū xiàn de cǎi yòng cǎi huì fú hào lái jìn xíng jì shì
老官台文化则是最早出现的采用彩绘符号来进行记事

de wén huà
的文化。

dà wèn kǒu wén huà gōng yuán qián nián qián hòu shì huáng hé xià yóu dì
大汶口文化（公元前3000年前后）是黄河下游地

文字的价值

　　人类长期只有口语，系统的语言成为人和禽兽分离的重要工具，文字使人类进入有历史记录的文明社会。

陶文

　　陶文笔画工整、繁复多样。具有相对规则的结构并趋于固定化。

毛笔是一种源于
中国的传统书写工具。
中国人书写文字依赖
于毛笔的产生。

砚与笔、墨、纸是中国传统
的文房四宝。它们是中国独有的
文书工具。

qū de xīn shí qì shí dài de wén huà
区的新石器时代的文化，

yīn   nián fā jué yú shān dōng
因1959年发掘于山东

shěng tài ān xiàn dà wèn kǒu yí zhǐ ér
省泰安县大汶口遗址而

dé míng   dà wèn kǒu wén huà zhōng shǐ
得名。大汶口文化中使

yòng de táo wén   shí jiān shang zǎo yú yīn shāng shí qī de
用的陶文，时间上早于殷商时期的

jiǎ gǔ wén yīn ér táo wén chéng wéi qì jīn wéi zhǐ wǒ
甲骨文，因而，陶文成为迄今为止我

guó fā xiàn de zuì zǎo de tú huà wén zì
国发现的最早的图画文字。

níng yáng xiàn bǎo tóu yí zhǐ chū tǔ de yí jiàn táo bēi hú shang yǒu yí gè yòng zhū
宁阳县堡头遗址出土的一件陶背壶上有一个用朱

hóng yán liào shū xiě de bǐ huà fù zá de wén zì yì jí huā duǒ de xiàng xíng wén yǒu
红颜料书写的笔画复杂的文字，意即花朵的象形文。有

de rèn wéi zhè yǐ shì wén zì yǒu de rèn wéi tā men hái bú shì wén zì zhǔ zhāng yǐ
的认为这已是文字，有的认为它们还不是文字。主张已

shì wén zì de yòu yǒu shàng shǔ chū bù fā zhǎn hé yǐ shǔ bǐ jiào jìn bù wén zì zhī bié
是文字的又有尚属初步发展和已属比较进步文字之别。

zhǔ zhāng bú shì wén zì de yě yǒu chéng dù bú tóng zhī fēn yǒu de rèn wéi tā men zhǐ
主张不是文字的也有程度不同之分：有的认为它们只

shì yuán shǐ jì shì fàn chóu de fú hào huò tú xíng tǐ jì yǒu de rèn wéi tā men yǔ hòu
是原始记事范畴的符号或图形体系；有的认为它们与后

痕以见起记转折之用之谦 方壶属书此册故露华 说不毛 皆录经 内 ...

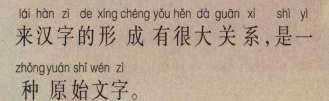

汉字发展历程？

　　大汶口陶文被认为是迄今为止所发现的最早的象形汉字。大汶口文化距今四千五百多年，所以认为汉字有四千多年的历史。我国汉字大体经历了甲骨文、金文、钟鼎文、大篆、小篆、隶书、行书、草书、楷书等发展阶段。

来汉字的形成有很大关系，是一种原始文字。

　　从现有的资料来分析，后一种看法是比较有说服力的。现在没有任何证据表明大汶口文化的图画文字已能记录语言，因为我们现在所见的都是单个图形，无法组成表达完整意义的句子。

甲骨文

　　甲骨文是中国文字的先祖。图为安阳殷墟博物馆中的甲骨文。

书法艺术

　　随着时间的发展，汉字已经演变为一种书法艺术。

仰韶文化早期的文字

　　我国最早用刻画符号的方法记事产生于仰韶文化早期。

19

中国古代男人"坐月子"之谜

AOMI TIANXIA

中国古代有女人生下孩子后，丈夫在家中"坐月子"，产妇到田间劳动的奇特风俗。那么，为什么会出现男人"坐月子"的习俗呢？

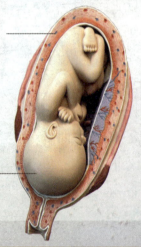

子宫是女人独有的孕育胎儿的器官。

胎儿在母亲的身体里慢慢成长着。

外国男人也"坐月子"？

俄利诺河流域的的印第安人，当妻子生下孩子后，丈夫要躺在床上，装成产妇作出痛苦的样子，接受家人的特殊照顾；在威陀陀部落，妻子在森林中生完孩子后交给丈夫，然后去田间劳动，晚上才能回家哺乳。

走婚习俗

云南省少数民族摩梭人是母系社会，走婚是摩梭人的一种婚姻模式。

走婚桥

走婚桥是泸沽湖上唯一一座桥，那里的摩梭男女仍奉行着走婚的习俗。

男人"坐月子"的习俗在历史学上被称为产翁制。这种制度在如今国内的一些少数民族和国外的原始部落中依然存在。人类最初的婚姻制度是母系制和氏族群婚制。母系制晚期出现了双亲家庭，产生了父子关系。当单偶婚和父权制出现后，男子在生产、生活中的作用越来越重要。但是妇女常常用逃婚、哭嫁、不落夫家的方式对抗父权制。因此，父权制也要采取许多压制母系制复辟的措施来维护自己的权力。男人"装产"则是这些措施中的一种。他们的目的是要让世人相信，他才是生孩子的人。

出现原因

产翁制度是原始社会父权制与母系制斗争的产物。

高山族"产翁制"

高山族自古就有丈夫在家待哺，妻子下田耕作的习俗。

禹王碑书之谜
AOMI TIANXIA

大禹分九州

禹为了巩固夏王朝，把全国分为九州（即冀州、兖州、青州、徐州、扬州、荆州、豫州、梁州、雍州）进行管理。

雄才大略的政治家

大禹治水是与治国养民结合进行的。在治水害的同时，还指导人们恢复和发展农业生产，大兴水上运输，重建家园。

相 传，大禹来南方治水，带领长沙先民斩恶龙、斗洪水，终于将洪水治好。长沙先民出于感激之情在岳麓山顶上为大禹立碑。他们按照大禹的主张，将碑文刻得奇古，如天文一般，百姓不能相识。

发现于湖南长沙云麓峰上的禹王碑是中国最古老的名刻，碑高1.7米，宽1.4米。碑上刻有奇特的古篆文，字分9行，共77字。字体奇古，似蜷身蝌蚪，难以破译，著名历史学家、甲骨文专家郭沫若钻研3年仅识得3字。末行空处有寸楷书"古帝禹刻"4字。这些奇怪的文字很可能是道家的一种符录，也有说是道士们伪造的。其实此碑是宋代时人们从衡山拓来的复制品。真正的禹王碑唐代还在衡山，曾被称为南岳的"镇

山西运城夏县大禹像。

孔子颂扬大禹？

孔子曾颂扬禹治水的功德说：我简直找不到他的一点缺点，他的宫室简陋却没有想到改善，而是尽全力平治水土，开沟洫，发展农耕，鼓励人民从事劳动。（参《论语·泰伯篇》）

shān zhī bǎo　　zài wén wù bǎo hù jiè　　yǔ wáng bēi yǔ huáng dì líng　yán dì líng tóng
山之宝"。在文物保护界，禹 王 碑与 黄 帝陵、炎帝陵同

wéi zhōng huá mín zú de sān dà guī bǎo
为 中 华民族的三大瑰宝。

　　guān yú yǔ wáng bēi de jì zǎi　　zuì zǎo jiàn yú táng dài hán yù　liú yǔ xī shī
关于禹 王 碑的记载，最早见于唐代韩愈、刘禹锡诗

zuò dàn èr rén bìng wèi shí dì kǎo chá guo　qīn jiàn qīn mó qí bēi wén de shì nán sòng
作，但二人并未实地考察过。亲见亲摹其碑文的是南宋

shí de hé zhì　nán sòng jiā dìng wǔ nián　　　hé zhì yóu nán yuè　yù qiáo fū dǎo
时的何致。南宋嘉定五年（1212），何致游南岳，遇樵夫导

yǐn zhì cáng bēi chù shǐ mó bēi wén hé zhì guò
引至藏碑处,始摹碑文。何致过

cháng shā shí kè bēi yú yuè lù shān fēng míng jiā
长沙时,刻碑于岳麓山峰。明嘉

jìng shí èr nián （1533） pān yì tī tǔ dé bēi
靖十二年（1533），潘镒剔土得碑,

suì mó tà liú xíng yú shì yǔ wáng bēi zhì jīn yě
遂摹拓流行于世。禹王碑至今也

wú rén néng chè dǐ pò yì qí quán wén wǒ men zhǐ
无人能彻底破译其全文,我们只

néng jiāng xī wàng jì tuō yú wèi lái dà liàng fā xiàn
能将希望寄托于未来大量发现,

huò xǔ kě yǐ hù xiāng duì zhào zhe lái jiě dú
或许可以互相对照着来解读。

禹是夏朝的第一位
天子,后人称他为大禹,
意思就是伟大的禹。

25

司母戊鼎

司母戊鼎形制雄伟,高133厘米、口长110厘米、口宽79厘米、重832.84千克。是迄今为止出土的最大最重的青铜器。司母戊鼎初为乡人私自挖掘,后因过大过重不易搬迁,又被重新掩埋。1946年将其重新出土,1959年入藏中国历史博物馆。

司母戊鼎之谜

AOMI TIANXIA

sī mǔ wù dǐng shì wǒ guó shāng dài qīng tóng qì de dài biǎo zuò yīn fù nèi bì
司母戊鼎是我国 商 代青铜器的代表作。因腹内壁

zhù yǒu sī mǔ wù sān gè míng wén ér dé míng nà me zhè sān gè míng wén jiū jìng
铸有 "司母戊" 三个铭 文而得名,那么这三个铭文究竟

shì hé yì ne
是何意呢?

第一种说法认为"母戊"为墓主人的庙号。"司"读"祀"，即祭祀，故该鼎为商王文丁为祭祀其母而作。

第二种说法将"司"字改为"后"字。"后"表示墓主人的身份，即她不是文丁之母，而是商王武丁之"后"。

1976年安阳殷墟妇好墓出土，和"戊"同样都是商王武丁皇后的妇好，墓葬规格和鼎都没有"戊"的规模大，"戊"到底是怎样重要的一个人呢？这成为历史留给我们的另一个谜。

司母戊鼎器型高大厚重，气势宏大，纹势华丽，工艺高超。

司母戊鼎充分显示出商代青铜铸造业的生产规模和技术水平。

十二生肖传说
AOMI TIANXIA

chuán shuō　　　yù huáng dà dì xiǎng xuǎn chū　　zhǒng dòng wù zuò wéi gè gè yuè
传说，玉皇大帝想选出12种动物作为各个月

de dài biǎo　　gè zhǒng dòng wù dōu lái jìng xuǎn
的代表，各种动物都来竞选。

mǎo ràng tā　de hǎo yǒu lǎo shǔ dào shí hòu jiào tā　　ér lóng wèi le gèng piào liàng
猫让它的好友老鼠到时候叫它，而龙为了更漂亮

jiù xiàng jī jiè jǐ jiao　jī dā ying le tā
就向鸡借犄角，鸡答应了它。

mǎo nián mǎo yuè mǎo rì mǎo shí　zhòng dòng wù fēn fēn gǎn xiàng tiān gōng　yù
卯年卯月卯日卯时，众动物纷纷赶向天宫，玉

huáng dà dì píng xuǎn chū shǔ niú hǔ tù lóng
皇大帝评选出鼠、牛、虎、兔、龙、

shé mǎ yáng hóu jī gǒu zhū zuò wéi shí èr
蛇、马、羊、猴、鸡、狗、猪作为十二

shēng xiāo
生肖。

jìng xuǎn jié shù hòu māo cái xǐng lái lǎo shǔ gāng
竞选结束后猫才醒来,老鼠刚

huí jiā jiù bèi māo mǎn shì jiè de zhuī lóng lái dào dà
回家就被猫满世界地追,龙来到大

hǎi biān kàn dào yǒu jī jiao de zì jǐ bǐ yǐ qián piāo
海边,看到有犄角的自己比以前漂

liang duō le jiù bù zhǔn bèi bǎ jī jiao huán gěi jī
亮多了,就不准备把犄角还给鸡

le ér jī hěn qì fèn yú shì tā cóng cǐ yǐ hòu tiān
了。而鸡很气愤,于是它从此以后天

tiān yí dà zǎo qǐ lai duì zhe dà hǎi dà shēng hǎn jiào
天一大早起来对着大海大声喊叫。

生肖纪年法

史书记载:我国自帝舜时代就开始使用"干支纪年法"。以生肖纪年的方法最初起源于我国古代西、北部从事游牧的少数民族中。

老鼠为何排第一

传说,动物们赶往天宫时,老鼠坐在牛背上,到了天庭,老鼠"蹭"地一跳,玉皇大帝就说老鼠最先到达,让老鼠排第一。

"金缕玉衣"之谜
AOMI TIANXIA

玉衣是汉代皇帝、诸侯王和高等贵族死后专用的一种殓服,史书上称"玉匣"、"玉柙"。1968年,在河北省满城县的西汉中山靖王刘胜和他妻子窦绾的墓中,发现了散落玉片,后经复原成金缕玉衣。

金缕玉衣分为头部、上衣、裤筒、手套和鞋五大部分,各部分都由许多形状各异的玉片组成,玉片上

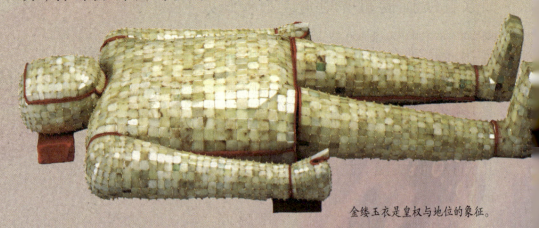
金缕玉衣是皇权与地位的象征。

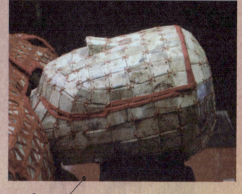

<ruby>有<rt>yǒu</rt></ruby> <ruby>许<rt>xǔ</rt></ruby> <ruby>多<rt>duō</rt></ruby> <ruby>小<rt>xiǎo</rt></ruby> <ruby>的<rt>de</rt></ruby> <ruby>钻<rt>zuàn</rt></ruby> <ruby>孔<rt>kǒng</rt></ruby>，<ruby>玉<rt>yù</rt></ruby> <ruby>片<rt>piàn</rt></ruby>

<ruby>之<rt>zhī</rt></ruby> <ruby>间<rt>jiān</rt></ruby> <ruby>用<rt>yòng</rt></ruby> <ruby>纤<rt>xiān</rt></ruby> <ruby>细<rt>xì</rt></ruby> <ruby>的<rt>de</rt></ruby> <ruby>金<rt>jīn</rt></ruby> <ruby>丝<rt>sī</rt></ruby> <ruby>加<rt>jiā</rt></ruby> <ruby>以<rt>yǐ</rt></ruby>

<ruby>编<rt>biān</rt></ruby> <ruby>缀<rt>zhuì</rt></ruby>，<ruby>所<rt>suǒ</rt></ruby> <ruby>以<rt>yǐ</rt></ruby> <ruby>又<rt>yòu</rt></ruby> <ruby>称<rt>chēng</rt></ruby> <ruby>为<rt>wéi</rt></ruby> "<ruby>金<rt>jīn</rt></ruby>

<ruby>缕<rt>lǚ</rt></ruby> <ruby>玉<rt>yù</rt></ruby> <ruby>衣<rt>yī</rt></ruby>"。

金缕玉衣？

中山靖王墓出土的玉衣共用玉片 2 498 片，金丝约 1 100 克，做工十分精细。玉片成衣后排列整齐，对缝严密，表面平整，颜色协调，着实令人惊叹，反映出玉师杰出的技艺和达官奢侈的生活。现藏于河北省文物研究所。

<ruby>据<rt>jù</rt></ruby> <ruby>汉<rt>hàn</rt></ruby> <ruby>代<rt>dài</rt></ruby> <ruby>文<rt>wén</rt></ruby> <ruby>献<rt>xiàn</rt></ruby> <ruby>记<rt>jì</rt></ruby> <ruby>载<rt>zǎi</rt></ruby>，<ruby>汉<rt>hàn</rt></ruby> <ruby>代<rt>dài</rt></ruby> <ruby>皇<rt>huáng</rt></ruby> <ruby>帝<rt>dì</rt></ruby> <ruby>死<rt>sǐ</rt></ruby> <ruby>后<rt>hòu</rt></ruby> <ruby>使<rt>shǐ</rt></ruby> <ruby>用<rt>yòng</rt></ruby> <ruby>金<rt>jīn</rt></ruby> <ruby>缕<rt>lǚ</rt></ruby> <ruby>玉<rt>yù</rt></ruby> <ruby>衣<rt>yī</rt></ruby>，<ruby>诸<rt>zhū</rt></ruby>

<ruby>侯<rt>hóu</rt></ruby> <ruby>王<rt>wáng</rt></ruby> <ruby>等<rt>děng</rt></ruby> <ruby>使<rt>shǐ</rt></ruby> <ruby>用<rt>yòng</rt></ruby> <ruby>银<rt>yín</rt></ruby> <ruby>缕<rt>lǚ</rt></ruby> <ruby>玉<rt>yù</rt></ruby> <ruby>衣<rt>yī</rt></ruby>，<ruby>大<rt>dà</rt></ruby> <ruby>贵<rt>guì</rt></ruby> <ruby>人<rt>rén</rt></ruby>、<ruby>长<rt>zhǎng</rt></ruby> <ruby>公<rt>gōng</rt></ruby> <ruby>主<rt>zhǔ</rt></ruby> <ruby>使<rt>shǐ</rt></ruby> <ruby>用<rt>yòng</rt></ruby> <ruby>铜<rt>tóng</rt></ruby> <ruby>缕<rt>lǚ</rt></ruby> <ruby>玉<rt>yù</rt></ruby>

<ruby>衣<rt>yī</rt></ruby>。<ruby>但<rt>dàn</rt></ruby> <ruby>中<rt>zhōng</rt></ruby> <ruby>山<rt>shān</rt></ruby> <ruby>靖<rt>jìng</rt></ruby> <ruby>王<rt>wáng</rt></ruby> <ruby>刘<rt>liú</rt></ruby> <ruby>胜<rt>shèng</rt></ruby> <ruby>为<rt>wèi</rt></ruby> <ruby>什<rt>shén</rt></ruby> <ruby>么<rt>me</rt></ruby> <ruby>越<rt>yuè</rt></ruby> <ruby>级<rt>jí</rt></ruby> <ruby>穿<rt>chuān</rt></ruby> <ruby>了<rt>le</rt></ruby> <ruby>金<rt>jīn</rt></ruby> <ruby>缕<rt>lǚ</rt></ruby> <ruby>玉<rt>yù</rt></ruby> <ruby>衣<rt>yī</rt></ruby> <ruby>呢<rt>ne</rt></ruby>？

<ruby>如<rt>rú</rt></ruby> <ruby>此<rt>cǐ</rt></ruby> <ruby>精<rt>jīng</rt></ruby> <ruby>美<rt>měi</rt></ruby> <ruby>的<rt>de</rt></ruby> <ruby>玉<rt>yù</rt></ruby> <ruby>衣<rt>yī</rt></ruby>，<ruby>在<rt>zài</rt></ruby> <ruby>两<rt>liǎng</rt></ruby> <ruby>千<rt>qiān</rt></ruby> <ruby>多<rt>duō</rt></ruby> <ruby>年<rt>nián</rt></ruby> <ruby>前<rt>qián</rt></ruby> <ruby>是<rt>shì</rt></ruby> <ruby>如<rt>rú</rt></ruby> <ruby>何<rt>hé</rt></ruby> <ruby>制<rt>zhì</rt></ruby> <ruby>作<rt>zuò</rt></ruby> <ruby>出<rt>chu</rt></ruby> <ruby>来<rt>lai</rt></ruby> <ruby>的<rt>de</rt></ruby> <ruby>呢<rt>ne</rt></ruby>？

<ruby>这<rt>zhè</rt></ruby> <ruby>让<rt>ràng</rt></ruby> <ruby>今<rt>jīn</rt></ruby> <ruby>天<rt>tiān</rt></ruby> <ruby>的<rt>de</rt></ruby> <ruby>人<rt>rén</rt></ruby> <ruby>们<rt>men</rt></ruby> <ruby>疑<rt>yí</rt></ruby> <ruby>惑<rt>huò</rt></ruby> <ruby>不<rt>bù</rt></ruby> <ruby>解<rt>jiě</rt></ruby>。

汗血马 之谜

AOMI TIANXIA

汗血马史称天马、大宛马。有记载称，张骞出使西域得乌孙好马，汉武帝尤为珍爱，为其取名"天马"。后来又得大宛马，比乌孙马更加强壮，汉武帝便将天马的称号转赐给了大宛汗血马，昔日的乌孙马便改称为"西极马"。

汗血马体形高大，头细

颈高，四肢修长灵活。这种马的祖先是生活在戈壁的野马，据说它在奔跑的时候脖颈部位会流出带着红色物

zhì de hán shuǐ　yīn qí hán shuǐ xiān
质的汗水，因其汗水鲜

hóng shì xiě ér dé míng　hán xiě mǎ
红似血而得名。汗血马

jí qí tā zhòng duō liáng mǎ yǐn jìn
及其他众多良马引进

zhōng yuán yǐ hòu　yōu huà le hàn mǎ
中原以后，优化了汉马

de pǐn zhǒng　dàn shì tiān mǎ zuì zhōng
的品种，但是天马最终

汗血宝马？

汗血马有着完美的身形曲线，通常体高1.5米左右，常见的毛色有：淡金、枣红、银白及黑色等等。经测算，汗血马在平地上跑1000米仅需要1分07秒，它又非常耐渴，即使高温下，一天也只需饮一次水

hái shi zài zhōng guó xī yù xiāo shī le　jīn tiān
还是在中国西域消失了。今天

hán xiě mǎ de chǎn dì zhǔ yào zài tǔ kù màn sī
汗血马的产地主要在土库曼斯

tǎn jí qí zhōu biān dì qū　yīn wèi zài gǔ dài
坦及其周边地区，因为在古代，

zhè lǐ shǔ yú dà wǎn guó
这里属于大宛国。

红崖 天书之谜

AOMI TIANXIA

红崖天书深藏在贵州腹地，原名"红岩碑"，仅数十字，虽说是字，却又与画十分相似。字画混体，大者如斗，小者如升，非雕非凿，如篆如隶，虽然排列毫无顺序可言，却也错落有致，仿佛是有人精心布置而成的。那么，红崖天书到底代表什么意思呢？

红崖天书简介

红崖天书又称红崖碑，位于贵州安顺地区关岭布依族苗族自治县东二十五公里的晒甲山危崖上，距著名黄果树大瀑布仅八公里，这里山水之奇神恒惟奇迹，风物之妙天造地设。红崖天书从二十多个神秘图谱已并列于古埃及金字塔秘鲁纳斯卡地画、地中海罗德岛太阳神巨像等世界奇迹之一，所形成的神秘文化、激发了一代代人的不懈探索。

继公元一九九五年三月十八日，贵州省安顺地区行署宣布，后公元一九九六年九月八日，贵州天书酒业有限公司又向社会庄严承诺：是赏百万，破译红崖天书。无论哪国人士，只要能全文翻译红崖碑，并获得多数专家学者认可，不但可获得贵州天书酒业有限公司提供的一百万元奖励，还可获得贵州省安顺地区政府的一百万元奖励，共计两百万元。

红崖天书？

红崖天书与关索岭对峙，紧靠滇黔公路。红色岩壁上那些赫红色的神秘符号，了无刻痕，经数百年风雨剥蚀，却依然如故，色泽似新。

yǒu rén rèn wéi hóng yá tiān shū shì
有人认为红崖天书是

hòu rén wèi jì niàn zhū gě liàng ér lì
后人为纪念诸葛亮而立

de   yǒu rén rèn wéi shì jì niàn dà yǔ gōng jì de bēi   yǒu rén
的；有人认为是纪念大禹功绩的碑；有人

rèn wéi shì yì zhǒng shǎo shù mín zú shǐ yòng de wén zì
认为是一种少数民族使用的文字。

hái yǒu yì zhǒng guān diǎn   hóng yá tiān shū shì jiàn wén dì zhū yǔn wén tǎo fá míng
还有一种观点，红崖天书是建文帝朱允炆讨伐明

chéng zǔ zhū dì de xí wén   yīn wèi tiān shū shang yǒu bǐng   xū   yǔn děng
成祖朱棣的檄文，因为天书上有"丙"、"戌"、"允"等

zì   ér guān yú hóng yá tiān shū wén zì jì zǎi de yǒng hóng yá shī piān yě zài míng
字，而关于红崖天书文字记载的《咏红崖》诗篇也在明

cháo chū cì chū xiàn   dàn shì zhēn xiāng shì shén me   hái yǒu dài jì xù tàn suǒ
朝初次出现。但是真相是什么，还有待继续探索。

35

舍利子之谜
AOMI TIANXIA

"舍利子"原指佛祖释迦摩尼圆寂后留下的遗骨和宝石状生成物。现在泛指佛教徒故去，经过火葬后所留下的结晶体。它的形状千变万化，颜色也五彩缤纷。

金棺银椁是佛教僧人安葬佛舍利(遗骨)的葬具，主要安放在佛塔地宫。

在中国人们将盛放舍利的容器做成棺椁形，制作上也极尽工艺之能。

舍利子

舍利子有的像珍珠、有的像玛瑙、有的像水晶，有的像钻石一般。

大小

舍利子的大小不一，有的大如鸡卵，有的小似米粒。

36

前些年，我国的一些寺院相继出现舍利子半夜发光的奇迹。那么舍利子为什么会发光呢？笃信佛教的人认为，功德圆满的高僧死后的遗骨自然会发出光华来。但是，功德圆满的人圆寂以后一定会形成舍利子吗？

另外一些人认为，那些德高望重的高僧，在修行时善于吸收天地宇宙之间的浩然正气，久而久之就凝聚成一种储藏能量的结晶体。当人体火化以后，这些

佛祖的舍利子

曾有报道说"埃及惊现1000具穿金缕玉衣黄金木乃伊"，但那些黄金木乃伊也就是在身上镀了一层金而已，并没有玉的成分。

形状

舍利子的形状各异，有圆形、椭圆形、莲花形，有的成佛或菩萨状。

颜色

舍利子的颜色多种多样，有黑、白、红、绿、黄等等。

结晶体就留了下来，成为舍利子。而到了晚上，会释放出能量，产生奇特的发光现象。但是，同样都通彻佛理的高僧，为什么有的尸骨火化以后能生成舍利子，而有的却不能呢？

关于舍利子的形成，有些学者提出，佛门僧人长期食素，体内极易积聚磷酸盐、碳酸盐等，最终以结晶

舍利塔

舍利塔是中国五千年文明史的载体之一，被佛教界人士尊为佛塔。

礼拜舍利宝塔是人们表达对诸佛皈依和感恩的方式。

体的形式沉积于体内而形成舍利子。然而世界上素食主义者成千上万，为何他们死后没有舍利子出现呢？另一些学者认为，舍利子可能是类似胆结石、肾结石之类的东西。但是，不少患结石症的病人死后火化，无一例有舍利子存在。所以舍利子到底是什么，现在还不能确定。

最多舍利子

1991年，中国佛教协会常务理事、山西省佛教协会副会长通显法师被火化后，得舍利子一万一千颗，堪称世界之最。

大如鸡卵的舍利子

1989年，广西宽能法师圆寂火化后得到了3颗碧绿色、晶莹透明的舍利子，每颗直径3～4厘米，好像绿宝石一般。

酒文化 ?

中国是酒的故乡，因此酒文化在中国有着特殊的地位。酒虽然是一种饮品，却凭借着独特的文化内涵融入到人们的精神生活中，成为一种特定的文化形态。

是谁发明了酿酒技术

AOMI TIANXIA

jiǔ wén huà shì zhōng guó wén huà de zhòng yào zǔ chéng bù fen   nà me   jiū jìng
酒文化是中国文化的重要组成部分，那么，究竟

shì shéi fā míng le niàng jiǔ jì shù ne
是谁发明了酿酒技术呢？

xiāng chuán shì xià yǔ shí qī de yí dí fā míng
相传是夏禹时期的仪狄发明

le niàng jiǔ   lǚ shì chūn qiū   zhōng jiù céng jì zǎi
了酿酒,《吕氏春秋》中就曾记载：

yí dí zuò jiǔ
"仪狄作酒。"

hái yǒu yì zhǒng shuō fǎ shì shuō dù kāng jiāng wèi
还有一种说法是说杜康将未

chī wán de shèng fàn fàng zhì zài sāng yuán de shù dòng
吃完的剩饭放置在桑园的树洞

li   shèng fàn zài dòng zhōng fā jiào hòu   yǒu fāng xiāng
里，剩饭在洞中发酵后，有芳香

de qì wèi chuán chū yīn cǐ zào chū le jiǔ
的气味传出，因此造出了酒。

bó dà jīng shēn de zhōng huá wén míng bù néng méi
博大精深的中华文明不能没

yǒu jiǔ de zī rùn   zhì yú jiū jìng shì shéi fā míng le
有酒的滋润，至于究竟是谁发明了

niàng jiǔ jì shù   huò xǔ duì yú huá xià de shù qiān nián
酿酒技术，或许对于华夏的数千年

wén míng lái shuō   yǐ jīng bù zhòng yào le
文明来说，已经不重要了。

文化载体

在中国，有不少人品评美酒的诗文，可以说，酒已经成为中国文化的载体之一。

美酒

中国的美酒不单给人饮宴的享受，更给人美的享受。

中国针灸之谜
AOMI TIANXIA

　　针灸是针法和灸法的合称。针法是把毫针按一定穴位刺入患者体内，运用捻转与提插等针刺手法来治疗疾病。灸法是把燃烧着的艾绒按一定穴位熏灼皮肤，利用热的刺激来治疗疾病。

《黄帝内经》是最早记载针灸疗法的典籍，但实际上针灸出现得要更早。传说针灸起源于三皇五帝时期，是伏羲发明了针灸。

古书上曾多次提到人们用"砭石"刺入身体的某一部位治

巨大作用

目前，针灸已经传播到世界140多个国家和地区，为保障全人类的生命健康发挥了巨大的作用。

其他用途？

针灸除了治疗疾病以外，还有一种奇特的用途。为了能做出好吃的寿司，日本人竟然想出了给金枪鱼做针灸的方法。经过针灸的金枪鱼肉味道更鲜美。这种做法看似离奇，但是经过了反复测试，并已申请了专利。

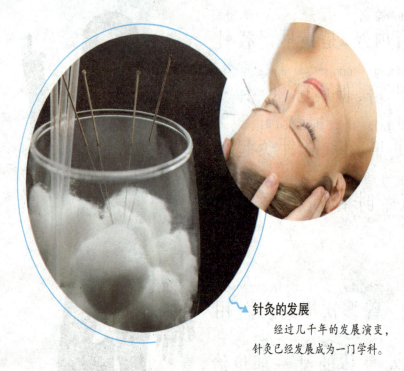

针灸的发展

经过几千年的发展演变，
针灸已经发展成为一门学科。

liáo jí bìng guān yú biān shí de zǎo qī jì zǎi jiàn yú shān hǎi jīng hòu lái rén
疗疾病，关于砭石的早期记载见于《山海经》。后来，人

men zài yòng huǒ de guò chéng zhōng fā xiàn shēn tǐ téng tòng de bù wèi jīng huǒ de shāo
们在用火的过程中，发现身体疼痛的部位经火的烧

zhuó néng dé yǐ huǎn jiě jīng guò cháng qī mō suǒ fā zhǎn chéng yòng yì rán ér jù
灼能得以缓解，经过长期摸索，发展成用易燃而具

yǒu wēn tōng jīng mài zuò yòng de ài yè zuò wéi jiǔ zhì de zhǔ yào cái liào biān ér cì
有温通经脉作用的艾叶作为灸治的主要材料。"砭而刺

zhī zhú jiàn fā zhǎn wèi zhēn fǎ rè ér yù zhī zhú jiàn fā zhǎn wèi jiǔ fǎ zhè
之"逐渐发展为针法，"热而熨之"逐渐发展为灸法，这

jiù shì zhēn jiǔ liáo fǎ de qián shēn
就是针灸疗法的前身。

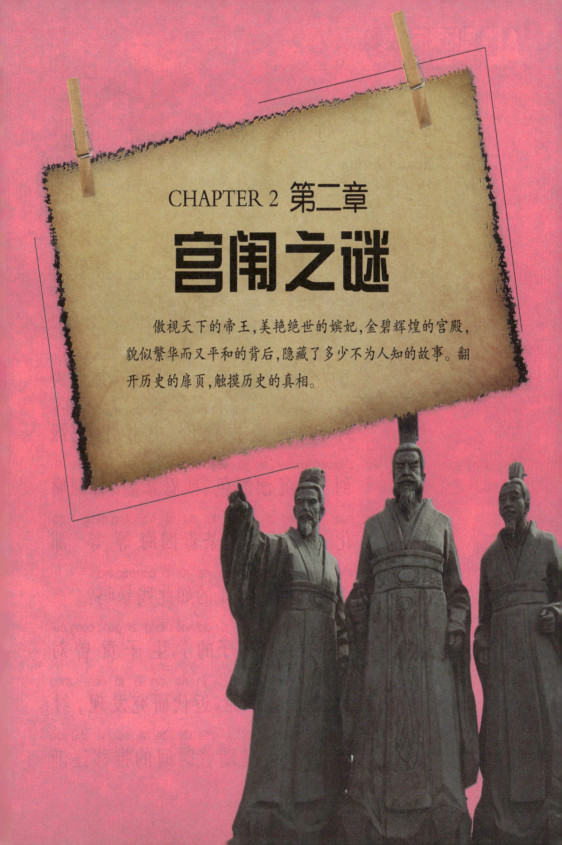

CHAPTER 2 第二章

宫闱之谜

　　傲视天下的帝王,美艳绝世的嫔妃,金碧辉煌的宫殿,貌似繁华而又平和的背后,隐藏了多少不为人知的故事。翻开历史的扉页,触摸历史的真相。

商纣王 性情之谜

AOMI TIANXIA

两种称号

帝辛和商纣王都是商朝末代君主的两种称号,这在中国历史上是绝无仅有的。这两个称号对于不同的人有不同的意义。

武王伐纣

约公元前1046年,周武王联合其他小国对商朝发起进攻,史称"牧野之战"。最后商纣王兵败自焚,商朝灭亡。

shāng zhòu wáng běn míng shòu dé   dì hào xīn
商 纣 王 本名受德,帝号辛

wáng   shì shāng cháo zuì hòu yí wèi jūn zhǔ   zhòu
王 ,是 商 朝 最后一位君主。"纣"

yì wèi   cán yì sǔn shàn   zhòu wáng   shì hòu rén
意为"残义损善","纣 王"是后人

duì dì xīn de biǎn sǔn píng jià   shǐ shū shang jì zǎi
对帝辛的贬损评价。史书上记载

zhòu wáng chén nì jiǔ sè   cán rěn bào nüè   shē mí fǔ
纣 王 沉溺酒色、残忍暴虐、奢靡腐

huà   bù jìng zǔ xiān   tú dú sì hǎi děng děng   nà
化、不敬祖先、荼毒四海等 等。那

me   shāng zhòu wáng zhēn de rú cǐ cán bào ma
么,商 纣 王 真 的 如 此 残暴吗?

jù shuō   kǒng zǐ de xué sheng zǐ gòng céng duì
据说,孔子的学 生 子贡曾对

cǐ biǎo shì guò huái yí   jìn dài yán jiū fā xiàn   zhòu
此表示过怀疑。近代研究发现,纣

wáng de zuì xíng shì suí zhe shí jiān de tuī yí zhú jiàn
王 的罪行是随着时间的推移逐渐

增多的。这说明，有些罪名是后人臆造的。那么，为什么会出现这种情形呢？

　　原因有以下几点，一是政敌的有意宣传；二是历代都将商纣王作为反面教材；三是忽略了其历史功绩。实际上，商纣王曾经伐东夷，为古代中国的最终统一奠定了基础。但是，历史上真实的商纣王究竟是怎样的人，还有待于史学者的进一步探究。

奥秘天下
MI TIANXIA

越王勾践到底有没有卧薪尝胆

AOMI TIANXIA

越王勾践卧薪尝胆的历史故事众人皆知,但历史上的越王勾践真的卧薪尝胆了吗?

从历史典籍来看,成书较早的《左传》和《国语》在讲述勾践生平事迹时,都没有提到勾践卧薪尝胆的行为。东汉时期,《越绝书》、《吴越春秋》这两种专门记载吴越两国历史的书籍也没有提到。而西汉的《史记》

绝世兵刃

越王勾践剑在当时被誉为"天下第一剑"。

48

仅出现了勾践尝胆一事，却没有卧薪。

宋朝时，出现了两种说法，一说卧薪尝胆的是吴王，一说是越王勾践，争议不断。后人把"卧薪"说成是在硬柴上睡觉，是曲解了《吴越春秋》的意思。所以勾践是否卧薪尝胆还有待进一步探索。

中国古代"九鼎"之谜

AOMI TIANXIA

chūn qiū zuǒ shì zhuàn jì zǎi xià cháo
《春秋左氏传》记载：夏朝

chū nián xià wáng huà tiān xià wéi jiǔ zhōu bìng mìng
初年，夏王划天下为九州，并命

jiǔ zhōu gòng xiàn qīng tóng zhù zào jiǔ gè dǐng yì
九州贡献青铜，铸造九个鼎。一

dǐng xiàng zhēng yì zhōu jiǔ dǐng wéi xià wáng suǒ
鼎象征一州，九鼎为夏王所

yǒu xiàng zhēng xià wáng duì jiǔ zhōu de
有，象征夏王对九州的

tǒng zhì
统治。

dàn shì zhōu dài yǐ hòu jiǔ
但是，周代以后，"九

dǐng xià luò bù míng duì yú jiǔ
鼎"下落不明。对于"九

dǐng de xià luò yǒu jiǔ dǐng shī yú
鼎"的下落，有九鼎失于

王权的象征

在古代中国，鼎是王权的象征，只有王族才能使用鼎。

立国重器

奴隶社会中，鼎曾被视为国家立足的基础。

dōng zhōu miè wáng zhī qián hé jiǔ dǐng shī yú qín mò děng bù tóng de jì zǎi dàn zhè xiē
东周灭亡之前和九鼎失于秦末等不同的记载,但这些

jì zǎi bú shì zì xiāng máo dùn jiù shì méi yǒu kě kào de yī jù
记载不是自相矛盾,就是没有可靠的依据。

gēn jù shǐ shū de jì zǎi jiǔ dǐng què shí céng zuò wéi xià shāng zhōu de zhèn
根据史书的记载,九鼎确实曾作为夏、商、周的镇

guó zhī bǎo ér qiě xiàn zài cóng wèi fā xiàn guo gǔ rén guān yú jiǔ dǐng yǐ bèi xiāo huǐ
国之宝。而且,现在从未发现过古人关于九鼎已被销毁

de jì zǎi yīn cǐ jiǔ dǐng de xià luò réng shì yí gè mí huò xǔ rén men jiě kāi jiǔ
的记载。因此,九鼎的下落仍是一个谜。或许,人们解开九

dǐng zhī mí de yì tiān jiù shì jiǔ dǐng chóng jiàn tiān rì zhī shí
鼎之谜的一天,就是九鼎重见天日之时。

"阿房宫"之谜

AOMI TIANXIA

秦始皇灭六国后，穷奢极欲，大兴土木。在众多宫殿中，阿房宫是规模最大的宫殿。

据载，阿房宫殿堂，东西宽690米，南北长115米，殿内可以容纳1万人。殿前矗立着11.5米高的旗杆，宫前立有12尊铜人，宫殿以磁石为门。周围建有阁道以连通各宫室，其阁道又依地势上达南山（今陕西西安

阿房宫遗址

阿房宫的遗址位于今陕西省西安市阿房村一带，是我国重点文物保护单位。

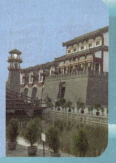

南）。在南山顶，建一宫阙，作为阿房宫的大门，又造复道，从阿房宫通达渭水北岸，连接咸阳，以此象征天极紫薇宫后十七星横越云汉，达于宫室（二十八宿之一）的天庭。宫殿极其富丽堂皇、雄伟。

后来，项羽入咸阳，火烧阿房宫，大火一连烧了100天而不熄。现在，阿房宫能留给人们的只有遗址和感叹了。

中国历史上第一个"白痴"皇帝之谜

另有意图的

尽管司马衷很愚蠢，但他的儿子司马通却非常聪明。司马炎可能是因为这个原因，所以才把皇位传给了司马衷。

司马衷死因之谜

关于司马衷的死因，有人说他是被东海王司马越毒死的，也有人说是上天垂怜天下百姓的痛楚才让他无疾而终的。

中国历史上第一位先天愚痴的皇帝是晋惠帝司马衷。他是司马炎的第二个儿子，由于其兄早年夭折被立为太子。

司马衷天生愚钝，呆傻而不明事理。历史记载，有一年饥荒，饿死了许多百姓，司马衷听到百姓因没有粮食饿死了，便笑着说："没有粮食吃还可以吃肉粥啊！"可见这个傻皇上的白痴程度。

古时晋朝的地图。

sī mǎ zhōng jí wèi hòu hūn yōng wú néng
司马衷即位后，昏庸无能，

nèi hòng bú duàn cháo tíng jí jí kě wēi zhè yàng
内讧不断，朝廷岌岌可危，这样

de qíng xíng yì zhí chí xù le nián zuì hòu sī
的情形一直持续了16年。最后，司

mǎ zhōng zuǐ li xián zhe yí kuài chī le yí bàn de
马衷嘴里衔着一块吃了一半的

dà bǐng bào wáng zhì yú tā de sǐ yīn zhì jīn
大饼暴亡。至于他的死因，至今

wèi míng
未明。

后蜀君王？

　　孟昶，初名仁赞，字保元，汉族人。他是五代后蜀高祖孟知祥的第三个儿子，也是后蜀的末代皇帝。孟昶是个非常懂得享乐的人，他广征蜀地美女以充后宫，妃嫔之外另有十二等级，其中最宠爱的便是"花蕊夫人"徐贵妃。

惊艳两朝帝王的花蕊夫人之谜

AOMI TIANXIA

jù shǐ shū jì zǎi　huā ruǐ fū ren cōng ming xián shū　fēng liú yùn jí　bú dàn
据史书记载，花蕊夫人聪明贤淑，风流蕴藉，不但

mào ruò tiān xiān　ér qiě shàn cháng shī cí　tā gěi hòu shì liú yǒu　shǒu cí zhè
貌若天仙，而且擅长诗词。她给后世留有100首词，这

就是有名的《花蕊夫人宫词》。但是，作《宫词》的花蕊夫人究竟是谁呢？

历史上，曾经有两位花蕊夫人。一是五代前蜀君主的妃子，为后唐庄宗所害；一是五代后蜀君主的妃子，国亡后入宋。所以，作《宫词》的花蕊夫人应该指的是后者。

花蕊夫人的诗风清丽婉转，多咏叹宫中杂事。

花蕊夫人的结局如何？有人说，她被赵光义一箭射死。又有人说，她被宋太祖纳入后宫后，因怀念后蜀君主孟昶郁郁而死。总之，国破家亡，一个手无缚鸡之力的女人，最终只能落得个香销玉殒的结局。

花蕊夫人所作的《宫词》与王逵的《宫词》有异曲同工之妙。

李世民 弑兄篡位之谜

AOMI TIANXIA

tángtàizōng lǐ shìmín kāichuàng le tángcháo de zhēn
唐太宗李世民开创了唐朝的"贞

guān zhī zhì rán ér zhèyàng yí wèi wén zhì wǔ gōngbiāo
观之治",然而,这样一位文治武功彪

bǐngqiān qiū de yīngmíng jūnwáng què shì kào yì chángxuè yǔ
炳千秋的英明君王,却是靠一场血雨

xīngfēng de xuán wǔ mén zhī biàn dēng jī chēng dì de
腥风的"玄武门之变"登基称帝的。

gōngyuán nián yuè rì lǐ shì
公元636年7月2日,李世

mín tóngzhǎngsūn wú jì yù chí jìng dé děng
民同长孙无忌、尉迟敬德等

rén shuài bīng mái fu yú xuán wǔ mén nèi
9人率兵埋伏于玄武门内,

jiāng cóng zhè lǐ shàngcháo de lǐ jiànchéng
将从这里上朝的李建成

hé lǐ yuán jí shè sǐ shì hòu lǐ yuān xià
和李元吉射死。事后,李渊下

zhào chuánwèi yú lǐ shìmín
诏传位于李世民。

唐太宗李世民和勋臣群雕。

李世民简介

李世民不仅是唐朝的第二个皇帝，同时他也是一个政治家，军事家，书法家和诗人。

史书是这样记载的：当时突厥率兵南下，李渊派李元吉为帅，领兵迎敌。元吉和建成商量，准备借此杀死李世民。但消息泄漏，李世民被逼无奈，只好先发制人。另有史书记载，因为李世民屡建战功，李渊有意把太子之位传给他，所以李建成和李元吉要合谋害死李世民，李世民是"自卫"才这样做的。《资治通鉴》写道，李

一代明君

唐太宗虚心纳谏，是唐朝的一代明君。

渊起兵晋阳都是李世民的主意。当时李渊对李世民说，事成之后，立他为太子，但李世民固辞不受。

但还是有一些李世民预谋夺权的蛛丝马迹。归纳起来，有如下几例：李世民曾自设天策府，网罗一大群谋臣死党。再有，他将自己的妻子安插到皇宫内李渊的身边，名义上是"孝事文王"，实际上是刺探内情。第三，李渊在位期间，李

jiàn chéng de tài zǐ dì wèi cóng lái jiù
建成的太子地位从来就
méi yǒu dòng yáo guo chēng dì hòu tā
没有动摇过，称帝后，他
jiān jué lì zhǎng zǐ lǐ jiàn chéng wéi tài
坚决立长子李建成为太
zǐ suǒ yǐ lǐ shì mín jiū jìng shì shì
子。所以，李世民究竟是弑
xiōng duó wèi hái shi hé lǐ jì wèi mù
兄夺位还是合理继位目
qián shǐ xué jiè réng yǒu zhēng yì   duì zhè yí wèn tí hái yǒu dài xué zhě de jìn yí bù
前史学界仍有争议，对这一问题还有待学者的进一步
yán jiū
研究。

贞观之治?

　　"贞观之治"是唐朝的第一个治世，在此期间，唐太宗选贤任能，知人善用，广开言路，以农为本，休养生息，稳定了社会的局面，同时为后来的开元之治奠定了厚实的基础。贞观王朝的强盛是中国的任何一个王朝都无法比拟的。

唐玄宗 为何被奉为"梨园领袖"

AOMI TIANXIA

唐明皇

李隆基，即唐朝著名的唐玄宗，也被称为唐明皇。清朝人为了多避讳康熙皇帝之名（玄烨），故多称其为唐明皇。

"开元之治"

"开元之治"又被称为"开元盛世"。在"开元盛世"期间，唐朝进入全盛时期，成为当时世界上最强盛的国家。

人们习惯上称呼戏班、剧团为"梨园"，戏曲演员为"梨园弟子"。那么，唐玄宗堂堂一个皇帝怎么会被奉为"梨园领袖"呢？

《旧唐书·玄宗本纪》和《新唐书·礼乐志》都提到唐玄宗挑选会唱戏的弟子，在梨园演出，号称"皇帝梨园弟子"。唐玄宗时梨园是一个重要的艺术活动中心。

关于梨园的出处，一般都认为

梨园弟子分类

梨园弟子分为坐部、立部、小部、男部和女部。

它原是唐代长安的一个地名，但在具体地点上有分歧。《辞海》认为唐代长安"梨园"有"禁苑梨园"，在长安城北芳林门外东北的禁园中，"乃唐代真正梨园所在"。《辞海》上还将梨园解释为"唐玄宗是教练宫廷歌舞艺人的地方。"《中国大百科全书·戏曲曲艺》也有相似解释。所以，说唐玄宗是梨园领袖并非名不副实了。

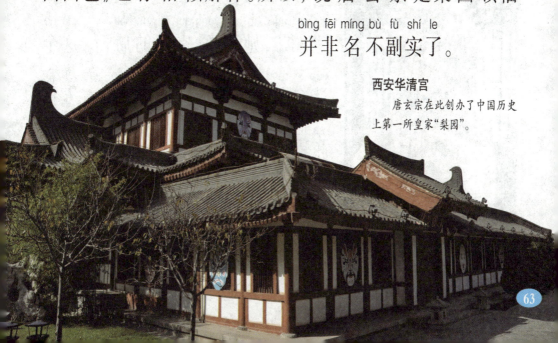

西安华清宫

唐玄宗在此创办了中国历史上第一所皇家"梨园"。

杨贵妃 生死之谜

AOMI TIANXIA

gōng yuán　　　nián　　ān shǐ zhī luàn
公元755年，"安史之乱"

cù shǐ dà táng wáng cháo yóu shèng zhuǎn shuāi
促使大唐王朝由盛转衰。

shǐ liào jì zǎi　yáng guì fēi zài táo wáng tú
史料记载，杨贵妃在逃亡途

zhōng bèi qǐ yì jūn shā sǐ
中被起义军杀死。

唐玄宗与杨贵妃
展现唐玄宗
与杨贵妃夫妻情
深的浮雕。

nián　　　rì　bēn yǐng xīng shān kǒu bǎi huì
2002年，日本影星山口百惠

shēng míng　　tā shì yáng guì fēi de hòu yì　 zhè ge
声明，她是杨贵妃的后裔。这个

xiāo xi ràng zhōng guó rén wú bǐ zhèn jīng　 yǒu rén jù
消息让中国人无比震惊，有人据

cǐ tuī cè　 dāng nián de bīng biàn zhōng　 yī míng shì
此推测，当年的兵变中，一名侍

nǚ dài yáng guì fēi ér sǐ　 ér yáng guì fēi zài rì
女代杨贵妃而死，而杨贵妃在日

běn qiǎn táng shǐ de bāng zhù xià　 chéng chuán lí kāi
本遣唐使的帮助下，乘船离开

dà táng jīng guò màn cháng piāo bó dào le rì běn
大唐,经过漫长漂泊,到了日本。

dōng dù rì běn de jiàn zhēn hé shang qián hòu lì jīng nián cì shī bài lǚ
东渡日本的鉴真和尚前后历经11年、5次失败,屡

zāo mó nàn cái zuì zhōng dào dá rì běn zài nà yàng de jiān kǔ tiáo jiàn xià yáng guì
遭磨难,才最终到达日本。在那样的艰苦条件下,杨贵

fēi yǒu kě néng táo dào rì běn ma
妃有可能逃到日本吗?

yáng guì fēi dāng nián jiū jìng shì shēng shì sǐ hái shì yí gè wèi jiě zhī mí
杨贵妃当年究竟是生是死,还是一个未解之谜。

宋太宗登基之谜
AOMI TIANXIA

宋太祖赵匡胤死后，帝位并没有传给他的儿子，而是由其弟赵光义继承，这不符合我国封建君主传位制度。那么，赵光义是怎样得到皇位的呢？

最具神秘色彩的是"斧声烛影"的传说：公元976年10月20日晚，晋王赵光义进入宋太祖寝殿后，遥见烛影下晋王时或离席，时有斧子戳地的声音，赵匡胤随后去世。21日晨，赵光义在灵柩前即位，故后人多怀疑赵光义是

宋太宗？

宋太宗本名赵匡义，后因避其兄宋太祖讳改名赵光义。当初，太宗母亲杜太后梦见神仙捧着太阳授予她，从而怀孕，直至太宗出生当天夜晚，红光升腾如火，街巷满是异香。

弑兄的凶手。

而宋代的正史和司马光的《涑水纪闻》都记载赵光义的帝位是太祖传位给他的。《宋史·太祖本纪》中记载："帝崩于万岁殿，年五十。""受命杜太后，传位太宗。"但是一代君主如果是在正常情况下驾崩的，关于他的死不可能仅有只言片语，这不能不让后人揣度猜疑。

67

明成祖 嗜杀之谜

· AOMI TIANXIA

患病嗜杀说

有推测，明成祖嗜杀与晚年患病有关。据说，他发病时容易狂怒，甚至歇斯底里，又因本性残忍好杀，就更加狂暴。

残暴的明成祖

据《李朝实录》记载，当宫人被惨杀之时，恰有雷电击中宫殿，但朱棣丝毫没有因此害怕报应而停止用刑。

明成祖朱棣是一个颇有作为的皇帝，但同时他又是一位刚愎自用、猜忌多疑的皇帝。

皇后徐氏病死后，明成祖最宠爱王贵妃和来自朝鲜的权贤妃。后来，权贤妃病死。一个朝鲜商贾的女儿吕氏（史载称"贾吕"）因为巴结吕氏被拒绝，贾吕便诬告权贤妃是死于吕氏的荼毒。明成

永乐迁都

　　明成祖朱棣将首都由南京迁往北京是我国重大的历史事件。

zǔ méi yǒu diào chá biàn xià lìng zhū shā lǚ shì jí qí xiāng guān rén yuán
祖没有调查便下令诛杀吕氏及其相关人员。

nián wáng guì fēi sǐ hòu gǔ lǚ yǔ gōng rén yú shì sī xià jié hǎo zhī
1420年，王贵妃死后，贾吕与宫人鱼氏私下结好之

shì dōng chuāng shì fā yòu chá chū zhòng duō gōng nǚ yào móu shā huáng dì de kǒu
事东窗事发，又查出众多宫女要谋杀皇帝的口

gòng míng chéng zǔ xià lìng zhū shā zhòng gōng nǚ liǎng cì tú shā shì jiàn bèi zhū de
供，明成祖下令诛杀众宫女。两次屠杀事件，被诛的

gōng nǚ jí huàn guān dá rén zhī duō
宫女及宦官达3 000人之多。

皇太极即位之谜

AOMI TIANXIA

guān yú huáng tài jí shì rú hé dé dào hán
关于皇太极是如何得到汗

wèi de yǒu hěn duō shuō fǎ gēn jù cháo xiǎn shǐ
位的，有很多说法。根据朝鲜史

jí lǔ ān wén jí de jì zǎi huáng tài jí shì
籍《鲁庵文集》的记载，皇太极是

shòu nǔ ěr hā chì lín zhōng zhī mìng jí wèi de
受努尔哈赤临终之命即位的。

yì xiē míng qīng shǐ zhuān jiā rèn wéi huáng
一些明清史专家认为，皇

tài jí shì cóng qí yòu dì duō ěr gǔn de shǒu zhōng
太极是从其幼弟多尔衮的手中

bǎ hán wèi cuàn duó lái de hái yǒu xué zhě rèn wéi
把汗位篡夺来的。还有学者认为，

huáng tài jí de hán wèi bìng fēi cuàn duó ér shì
皇太极的汗位并非篡夺，而是

yóu zhū bèi lè tuī jǔ chǎn shēng dàn zhè yǔ qīng
由诸贝勒推举产生。但这与清

cháo qián qī de quán lì zhī
朝前期的权力之

皇太极?

爱新觉罗·皇太极(1592年11月28日~1643年9月21日),满洲爱新觉罗氏。1626年,皇太极继位后金可汗,改年号为天聪,史称"天聪汗"。1636年,皇太极于盛京即皇帝位,改国号为"大清",改元崇德。

争有反差,让人难以信服。

当时的人们崇尚武功,而皇太极在武功、谋略、个人威望方面远远超过其他贝勒,在君主专制尚未发展完善的时候,推举皇太极即位也是有可能的。

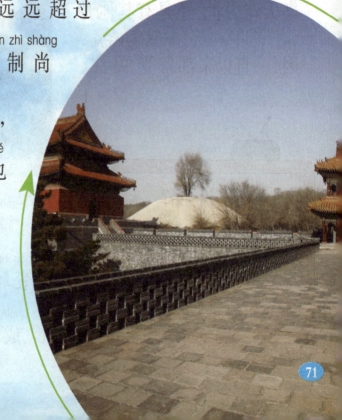

顺治帝 归隐之谜

AOMI TIANXIA

shùn zhì shì qīng tíng rù guān hòu de dì yī wèi huáng
顺治是清廷入关后的第一位皇

dì nián yīn rǎn shàng tiān huā nián jǐn suì de
帝，1661年，因染上天花，年仅24岁的

shùn zhì huáng dì qù shì dàn zhè shì shǐ shū jì zǎi shùn zhì huáng dì jiū jìng shì bu shì
顺治皇帝去世。但这是史书记载，顺治皇帝究竟是不是

rǎn tiān huā qù shì hái shi yǒu qí tā yuán
染天花去世，还是有其他原

yīn yì zhí yǐ lái dōu bèi shòu guān zhù
因，一直以来都备受关注。

顺治帝?

顺治，全名爱新觉罗·福临，满族，是皇太极第九子，其母为博尔济吉特氏，即孝庄文皇后。顺治1643~1661年在位，谥号体天隆运定统建极英睿钦文显武大德弘功至仁纯孝章皇帝，陵寝孝陵(河北遵化县清东陵)，庙号世祖。

shùn zhì dēng jī yǐ hòu yóu duō
顺治登基以后，由多

ěr gǔn hé mǔ hòu shè zhèng yīn cǐ tā
尔衮和母后摄政，因此他

xíng chéng le xǐ nù wú cháng de pí
形成了喜怒无常的脾

孝献皇后

世称董鄂妃，内大臣鄂硕之女，受顺治帝万般宠爱，病逝时年仅22岁。

性。事业不得意，婚姻也不如意。皇后和妃子都是太后的侄女，顺治帝根本不喜欢她们，于是他对温文尔雅的董鄂妃一见钟情。但实际上，董鄂妃是顺治的弟弟博果尔的妻子，顺治为了让董鄂妃入宫导致博果尔抑郁而终。顺治帝对董鄂妃的爱如此之深，以至于董鄂妃病逝后，他无心朝政，看破红尘，遁入空门。关于顺治帝遁入空门之说，有文证、事证、物证。

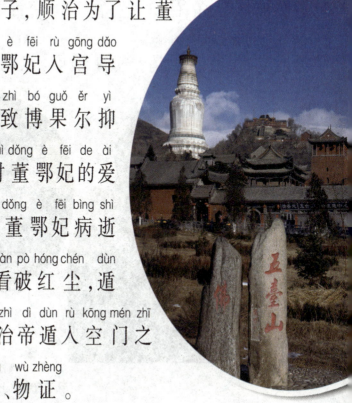

文证是康熙曾经四次上五台山;事证是顺治帝生前信佛,取了法名"行痴"。物证是康熙年间,皇室曾经狩猎路过五台山,从山上借来的器皿非民间所有,人们怀疑是当年顺治所用。

而《王文靖集·自撰年谱》则记载了王文靖曾经三次被顺治帝召进皇宫,顺治帝向他说了自己得天花而立诏书的事情。《青琊集》也记载了顺治帝不允许

顺治帝爱佛入迷,曾请浙江报恩寺住持玉林入宫,为自己取法名"行痴",并制了个"痴道人"的玺章。

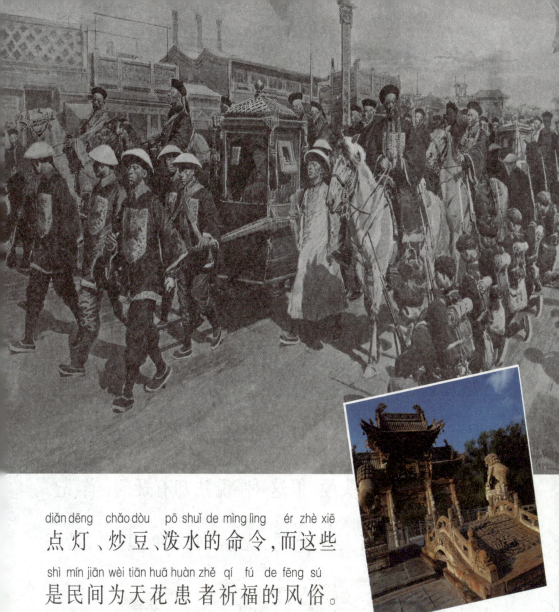

diǎn dēng　chǎo dòu　pō shuǐ de mìng lìng　ér zhè xiē
点灯、炒豆、泼水的命令,而这些

shì mín jiān wèi tiān huā huàn zhě qí fú de fēng sú
是民间为天花患者祈福的风俗。

shùn zhì zài huáng wèi jì chéng rén de xuǎn zé shang
顺治在皇位继承人的选择上,

xuǎn dìng le dé guò tiān huā de xuán yè　zhè xiē biǎo míng shùn zhì dì yě xǔ zhēn de shì
选定了得过天花的玄烨。这些表明顺治帝也许真的是

sǐ yú tiān huā ba
死于天花吧!

雍正帝暴死之谜

AOMI TIANXIA

关于雍正帝的死因,有人说是忽然发病身亡。但民间流传着雍正被血滴子割去头颅,只好做了一个金头装殓的故事。

古书中记载说吕留良的孙女吕四娘刺杀了雍正,割去了他的头颅。但这种说法却有疑问。首先,吕案发生后,其家人皆受罚,无漏网之鱼;其次,吕四

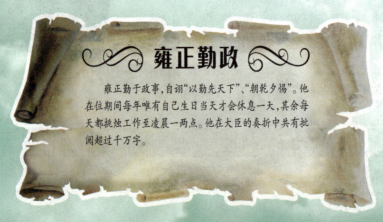

雍正勤政

雍正勤于政事,自诩"以勤先天下"、"朝乾夕惕"。他在位期间每年唯有自己生日当天才会休息一天,其余每天都挑烛工作至凌晨一两点。他在大臣的奏折中共有批阅超过千万字。

娘根本不可能混进宫。

又有人认为雍正可能是服丹药中毒而亡。因为雍正生前，曾经在宫中蓄养了一些僧道。他死后，乾隆

立即驱逐了这些僧道，同时，下令宫女、太监不许妄行传说国事。

雍正帝的死因被种种说法蒙上了神秘的面纱，让人难以看清其中的真相。

光绪帝 驾崩真相之谜

AOMI TIANXIA

1908年11月24日，年仅38岁的 光 绪帝病逝，对于他的死因，历来说法不一。

一 种 说法是：光 绪帝自幼体弱多病，患有严重的肺结核，肾、肝及其他器官也极其衰弱。戊戌变法失败后，他曾被慈禧太后软禁长 达9年。在中国第一历史档案馆找到的资料证 明 光绪

皇帝大婚

清代皇帝大婚比历代皇帝奢华更甚，极尽奢侈铺张，图为光绪帝大婚。

光绪退位

慈禧反对光绪帝推行新政，逼迫他写了退位诏书，将其幽禁在瀛台。

què shí shì xū láo rì jiǔ xīn fèi gōng néng shuāi jié
确实是虚痨日久、心肺功能衰竭

ér sǐ
而死。

dàn shì zhè zhǒng shuō fǎ shòu dào le bù fen
但是，这种说法受到了部分

xué zhě de zhì yí yīn wèi àn qīng cháo gōng tíng guī
学者的质疑，因为按清朝宫廷规

ju dì wáng jià bēng yào chuán zhuān wèi qǐng yí
矩，帝王驾崩，要传专为"请"遗

tǐ ér shǐ yòng de wàn nián jí xiáng jiào ér guāng
体而使用的"万年吉祥轿"。而光

xù dì sǐ hòu shī tǐ zhǐ shì qiāo qiāo de yí rù gōng
绪帝死后，尸体只是悄悄地移入宫

nèi děng nèi wù fǔ dà chén gǎn dào shí shī tǐ yǐ
内。等内务府大臣赶到时，尸体已

特殊的身世

光绪帝的父亲是道光帝的第七子，母亲是慈禧的胞妹，特殊的家庭背景使他在同治病故后被慈禧指定为皇帝。

虚名的 皇帝

光绪入宫为帝时年仅4岁，是满清入关后的第九位皇帝。光绪继位后，由慈禧专权。至光绪16岁，慈禧"归政"，但仍实掌大权。

慈禧
慈禧以垂帘听政、训政的名义统治中国四十七年。图为慈禧在下棋。

悲剧命运
光绪帝"天颜戚戚，常若不悦"，终其一生是屈辱和哀怨的悲剧命运。

由太监代为入殓完毕。从而使人们怀疑是慈禧太后所为。但是,光绪驾崩的第二天,慈禧也病故了。如果慈禧知道自己将不久于人世,为什么还要害死光绪帝呢?如果不是慈禧授意别人害死光绪帝,为什么皇帝的死因不明不白,匆匆入殓,却又无人敢言呢?因此关于光绪帝的死因只能成为一桩历史悬案了。

百日维新?

　　1894 年甲午战争爆发,中国战败。1898 年,光绪帝启用康有为、梁启超等进行"戊戌变法",但变法危及封建守旧势力的利益,受到以慈禧太后为首的保守派的反对。整个维新不过历时 103 天,故称"百日维新"。

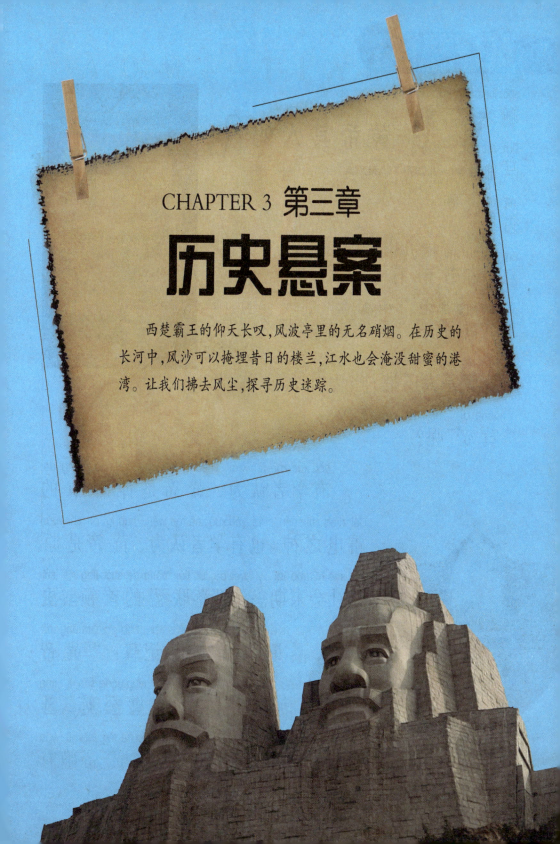

CHAPTER 3 第三章

历史悬案

西楚霸王的仰天长叹，风波亭里的无名硝烟。在历史的长河中，风沙可以掩埋昔日的楼兰，江水也会淹没甜蜜的港湾。让我们拂去风尘，探寻历史迷踪。

真有 黄帝其人吗

● ● ● ● — AOMI TIANXIA —

山西黄帝陵石刻。

gǔ shū zhōng yǒu sān huáng wǔ dì de shuō
古书中有"三皇五帝"的说

fǎ huáng dì shì wǔ dì zhī yī nà me huáng
法，黄帝是"五帝"之一。那么，黄

dì jiū jìng shì rén hái shi shén wèi shén me bèi chēng wéi
帝究竟是人还是神？为什么被称为

huáng dì ne
"黄帝"呢？

yǒu xué zhě rèn wéi huáng dì shì shén huà zhōng de
有学者认为，黄帝是神话中的

léi diàn zhī shén yě yǒu xué zhě rèn wéi huáng dì shì yuán
雷电之神。也有学者认为，黄帝是原

shǐ shè huì mò qī yí wèi bù luò lián méng de shǒu lǐng shǐ
始社会末期一位部落联盟的首领。《史

jì wǔ dì běn jì jì zǎi huáng dì
记·五帝本纪》记载："黄帝

zhě shǎo diǎn zhī zǐ xìng gōng sūn míng
者，少典之子，姓公孙，名

xuān yuán zhè shuō míng huáng dì què yǒu
轩辕。"这说明黄帝确有

qí rén
其人。

jù shuō huáng dì zài wǔ gè tiān dì zhōng shì
据说，黄帝在五个天帝中，是

guǎn lǐ sì fāng de zhōng yāng shǒu lǐng yòu yīn zhuān guǎn
管理四方的中央首领，又因专管

tǔ dì ér zhōng yuán de tǔ dì shì huáng sè de gù
土地，而中原的土地是黄色的，故

míng huáng dì shǐ chēng tā wéi yǐ tǔ dé wéi
名"黄帝"。史称他为"以土德为

wáng hòu shì zhī rén yǐ cǐ ér chóng shàng huáng sè
王"。后世之人以此而崇尚黄色，

bǎ huáng sè yǎn biàn chéng yì zhǒng quán lì hé zūn guì de
把黄色演变成一种权力和尊贵的

xiàng zhēng guān yú huáng dì de jì zǎi yīn nián dài jiǔ
象征。关于黄帝的记载，因年代久

yuǎn xǔ duō shuō fǎ yǐ wú fǎ kǎo
远，许多说法已无法考

zhèng rán ér huáng dì zuò wéi
证。然而，黄帝作为

zhōng huá mín zú de shǐ zǔ què shì bù
中华民族的始祖却是不

róng zhì yí de
容置疑的。

黄帝功迹？

黄帝因统一中华民族的伟绩而被载入史册。他播百谷草木，大力发展生产，始制衣冠，建造舟车，发明指南车，定算数，制音律，创医学等。

炎黄 大战蚩尤之谜
AOMI TIANXIA

yuǎn gǔ shí dài huáng hé liú yù céng jīng fā shēng le
远古时代，黄河流域曾经发生了

yì chǎng guī mó páng dà de zhàn zhēng jí huáng dì yǔ chī
一场规模庞大的战争，即黄帝与蚩

yóu de zhàn zhēng shǐ chēng zhuō lù zhī zhàn
尤的战争（史称涿鹿之战）。

jù shān hǎi jīng jì zǎi huáng dì fàng chū le liù zhǒng yě shòu zhù zhàn qǐng
据《山海经》记载，黄帝放出了六种野兽助战，请

le hàn shén nǚ bá chī yóu qǐng lái le fēng bó yǔ shī zhù zhàn zuì hòu
了旱神女魃。蚩尤请来了"风伯"、"雨师"助战。最后，

huáng dì dǎ bài le chī yóu
黄帝打败了蚩尤。

黄河浏览区内炎
黄二帝巨型头像。

起因和意义？

涿鹿之战的目的是双方为了争夺适于牧放和浅耕的中原地带。它也是中国历史上见于记载的最早的"战争"，对于古代华夏族由野蛮时代向文明时代的转变产生过重大的影响。

因为这是传说，所以有人怀疑其真实性。即使却有此事，但战争的发生地一直存在争议。后来，龙山文化遗址的出土为其真实性提供了佐证，河北南部巨鹿县一带可能是涿鹿之战的发生地。

但是，炎帝、黄帝、蚩尤到底是什么人，涿鹿之战到底如何，依旧没有更加明确的答案。

尧舜禅让之谜

AOMI TIANXIA

什么是禅让

"禅"意为"在祖宗面前大力推荐","让"指"让出帝位"。一般指古代帝王让位给不同姓的人,是和平、民主的推选。

尧舜禅让历史意义

尧舜禅让的传说,反映了原始公社的民主,体现了"以人为本,任人为贤"的思想。团结了部落联盟,协调了社会生产。

尧舜禅让说的是尧在位时举荐舜作为自己的继承人,那时没有父死子继的习惯,而是选择贤能之人为自己的接班人。那么,舜的王位真的是尧禅让来的吗?

尧是黄帝的五世孙。是帝颛顼的后裔,家世寒微,五世为庶人,处于社会下层。尧听说舜是一位贤能、孝顺的人,便将两个儿女嫁给他,经多方考验才把帝位禅让给他

舜家境清贫，经历坎坷，但其道德修养极高，被称为道德文化的鼻祖。

（《尚书》）。另一种说法是，尧死后，他的儿子丹朱也想继承王位，舜于是躲了起来，但最后还是被人们推举为王。关于这种说法，孟子和荀子都是比较赞成的。

最后一种说法是舜囚禁了尧，篡夺了帝位，这种说法见于《竹书纪年》。但事实究竟如何，我们无从得知，这只能是个千古之谜。

西施 结局之谜

· AOMI TIANXIA

xī shī wèi yuè guó chēng bà zuò chū le jù dà gòng
西施为越国 称 霸作出了巨大贡

xiàn dàn shì tā de guī sù jiū jìng rú hé ne
献,但是她的归宿究竟如何呢?

jù zǎo qī de shǐ shū jì zǎi xī shī bèi gōu jiàn
据早期的史书记载,西施被勾践

zhuāng jìn pí dài chén rù jiāng lǐ wú yuè chūn qiū
装 进皮袋沉入江里。《吴越春秋》

zhōng yě yǒu guān xī shī bèi chén yú shuǐ zhōng de jì zài
中也有关西施被沉于水中的记载。

dàn hòu rén bù rěn zhè wèi jué dài jiā rén jié jú zhè
但后人不忍这位绝代佳人结局这

yàng bēi cǎn yú shì liú chuán xī shī hé fàn lí yuǎn lí
样悲惨,于是流 传 西施和范蠡远离

cháo yě fàn zhōu xī hú de měi mǎn gù shì dàn qí shí
朝野泛舟西湖的美满故事。但其实

fàn lí hé xī shī háo wú guān lián yīn wèi yǒu fàn lí
范蠡和西施毫无关联,因为有范蠡

yǐn jū xī hú de chuán shuō hòu rén biàn wèi xī shī
隐居西湖的传 说,后人便为西施

四大美女?

西施与王昭君、貂蝉、杨玉环并称为中国古代的四大美女。其中，西施是中国古代四大美女之首，而貂蝉是这里唯一虚构的人物。关于四大美女，分别有"沉鱼"、"落雁"、"闭月"、"羞花"的故事，人人皆知。

安排了一个虚假的美满结局。《史记》中《越王勾践世家》与《货殖列传》都提到了范蠡，却没有提起西施，就更不用说她和范蠡有什么关系了。从而无法证明西施的结局到底如何。

秦始皇 不立后之谜

AOMI TIANXIA

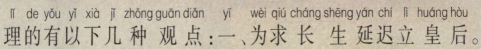

对于秦始皇迟迟不肯立皇后，

千百年来人们众说纷纭。比较合

理的有以下几种观点：一、为求长生延迟立皇后。

秦始皇曾经派徐福率领3000童男

童女赴东海神山求药，皇帝立后

多是为了日后有嫡出的

皇子继承皇位，而秦

始皇一心只求长生

首位皇帝?

秦始皇统一六国后，成为了中国历史上首位统一多民族国家的皇帝。称帝后，秦始皇建立了皇帝制度，在中央实行三公九卿，在地方用郡县制代替了封建制，为建立专制主义中央集权制度奠定了基础，对中国历史的发展产生了深远的影响。

不老，根本没有考虑册立皇后的事情。二、仇视女人不立后。因为母亲赵姬令人不齿的行为导致了秦始皇极度仇视女人。三、秦始皇鄙视后宫中的女子抛弃亡国

"千古一帝"
秦始皇被明代的思想家李贽称为"千古一帝"。

之辱而媚悦新主的行径，他自认功过三皇、德胜五帝，更不是一般女子所能匹配的，所以最终没能立后。

项羽不肯过江东之谜

AOMI TIANXIA

xī chǔ bà wáng xiàng yǔ zài chǔ hàn zhī zhēng
西楚霸王项羽在楚汉之争

zhōng shī bài zì wěn yú wū jiāng biān nà me xiàng
中失败，自刎于乌江边。那么，项

yǔ wèi shén me bú dù wū jiāng ne
羽为什么不渡乌江呢？

yǒu rén rèn wéi xiàng yǔ yīn wèi yú jī yǐ sǐ
有人认为，项羽因为虞姬已死

bú dù wū jiāng suī rán yǒu dào lǐ dàn shì zhèng jù
不渡乌江。虽然有道理，但是证据

bù zú jù shǐ jì jì zǎi xiàng yǔ yīn wú yán
不足。据《史记》记载，项羽因“无颜

jiàn jiāng dōng fù lǎo jí biàn guò jiāng bài jú yě
见江东父老”，即便过江，败局也

yǐ dìng yīn cǐ bú dù wū jiāng dàn xiāng fǎn de
已定。因此，不渡乌江。但相反的

guān diǎn rèn wéi zì gù líng zhàn bài hòu xiàng yǔ jiē
观点认为，自固陵战败后，项羽接

lián shī lì tuì dào gāi xià yòu tū wéi táo wǎng dōng
连失利，退到垓下，又突围逃往东

鸿门宴

鸿门宴是公元前 206 年在秦朝都城咸阳郊外的鸿门举行的一次宴会。此次宴会对楚汉之争的结果产生了重要的影响。

楚汉之争

公元前 206年，西楚霸王项羽和汉王刘邦两大集团为争夺政权而进行了一场大规模战争。最后项羽败亡，刘邦建立西汉。

南，而至乌江边。由此可见，他早有退守江东之意。如果是这样，他就不应该因羞于见江东父老而自杀。

还有人认为项羽不渡乌江是想早日消除人民的战争苦难。当他认识到自己无法立即消灭刘邦而又无法谈和时，只有牺牲自己以结束战争。

孟姜女 其人真相之谜

AOMI TIANXIA

chuán shuō　mèng jiāng nǚ de zhàng fu fàn qǐ liáng bèi
传说，孟姜女的丈夫范杞梁被

zhuā zǒu xiū cháng chéng　lèi sǐ hòu shī gǔ mái zài cháng chéng
抓走修长城，累死后尸骨埋在长城

jiǎo xià　mèng jiāng nǚ xún fū dào cháng
脚下。孟姜女寻夫到长

chéng　bēi tòng yù jué　dà kū le sān tiān
城，悲痛欲绝，大哭了三天

广为流传

孟姜女哭长城的故事一直在我国民间广为流传。

sān yè jiāng cháng chéng kū
三夜将长城哭

dǎo　fàn qǐ liáng de shī
倒。范杞梁的尸

gǔ chóng jiàn tiān rì　mèng
骨重见天日，孟

jiāng nǚ zé zài jué wàng zhī
姜女则在绝望之

zhōng tóu hǎi ér sǐ　nà
中投海而死。那

94

孟姜女哭长城的故事是我国古代四大爱情传奇之一（其他三个故事分别为"牛郎织女"、"梁山伯与祝英台"、"白蛇传"），这个故事可以说是家喻户晓。后人为纪念她，修建了贞女祠，又被称为姜女庙。

么，孟姜女是否实有其人呢？哭倒长城是否真有其事呢？

事实上，长城不可能因哭声而被震倒，"孟姜女哭倒长城"的故事之所以流传甚广，主要反映了人民对造成妻离子散、家破人亡的秦代暴政及繁重徭役的强烈愤恨和反抗。

夜郎古国真的存在吗

AOMI TIANXIA

gōng yuán qián　　nián　xī hàn shǐ zhě dào　yè láng shí
公元前122年, 西汉使者到夜郎时,

yè láng guó wáng wèn shǐ zhě　　hàn shú yǔ wǒ dà　　yè láng guó
夜郎国王问使者: "汉孰与我大?" 夜郎国

因此得"夜郎自大"之名。从此"夜郎自大"就成了自以为是、骄傲自大者的代名词。这里的夜郎到底指哪儿，它真的存在过吗？

贵州的北盘江被中外专家誉为"夜郎都邑之乡"，很多的学者都认为这里是夜郎国。

当然这并不是史学界的最终定论，关于夜郎古国的争论正在进行中。

王昭君身世之谜

AOMI TIANXIA

才貌双全

王昭君不仅天生丽质，而且才华横溢，琴棋书画，样样精通。她的美貌很快传到了京城，公元前36年，王昭君应诏入宫。

自恃貌美

入宫后的王昭君因为自恃貌美，不肯贿赂画师，因此画师在其画像上点上了丧夫落泪痣。因此她入宫数年也没见过皇上。

汉元帝竟宁元年（公元前33年），应匈奴呼韩邪单于的"和亲"请求。王昭君自愿出塞和亲，为匈奴与汉朝的和平作出了巨大贡献。昭君墓现在坐落在呼和浩特市南郊，后人称其为"青冢"。那么，王昭君却有其人吗？她的遭遇又是怎样的呢？

《匈奴传》中说，"元帝以后宫良家子王嫱字昭君赐单于"。

位于内蒙古的昭君墓。

表现昭君弹琴的雕塑。

可是按西汉宫廷规矩，宫女自入宫之日起，就不许称呼其娘家的名字。所以，王昭君的本名无人知晓。

《汉书·元帝纪》提及她时称"王樯"，即她是一位被船只载运入宫的王姓姑娘。后来，人们都称其为"王嫱"（"嫱"是古时宫廷里的女官）。出塞前，她被赐封为"昭君"。

一般人认为她原是湖北兴山人，汉族姑娘。但是，据多方考查，昭君实为四川人，是土家族女子。她主动提出去匈奴和

"昭君出塞"

"昭君出塞"是汉匈交往上的大事。王昭君到达匈奴后，受到了匈奴人民的欢迎。她的举动使汉匈两族团结友好，国泰民安。汉匈两族都展现出一派欣欣向荣的景象。这样的关系一直维持了六十多年。

qīn dào sài wài hòu yòu suí hú sú xiān hòu chéng wéi liǎng dài chán yú zhī qī shēng ér
亲，到塞外后又随胡俗先后 成 为两代单于之妻，生儿

yù nǔ zhè zhǒng gāng qiáng bù qū de xìng gé duì yú shòu fēng jiàn lǐ jiào shù fù jiào
育女，这种 刚 强 不屈的性格，对于受封建礼教束缚较

shēn de hàn zú gōng nǔ lái shuō shì hěn nán bàn
深的汉族宫女来说，是很难办

dào de lìng wài tā de jiā xiāng wéi bǎi
到的。另外，她的家乡为"百

mán zá jū zhī dì nǔ zǐ nán jià
蛮"杂居之地，女子难嫁，

suǒ yǐ zài tā hé qīn shí jìng
所以在她和亲时，"靓

zhuāng qǐng xíng wéi kǒng bú
妆"请行，唯恐不

bèi xuǎn zhòng zhè shuō míng tā
被选中。这说明她

yǔ hàn zú nǔ zǐ de hūn jià guān
与汉族女子的婚嫁观

"昭君出塞"的雕塑。

王昭君蜡像。

niàn jué bù xiāng tóng
念绝不相同。

　　lìng yǒu xué zhě rèn wéi　　wáng zhāo jūn suī shì píng mín chū shēn　　dàn dǎn shí guò
　　另有学者认为，王昭君虽是平民出身，但胆识过

rén　　shì yí wèi wèi guó fēn yōu de　jīn guó yīng xióng　　jǐn guǎn guān yú wáng zhāo jūn de
人，是一位为国分忧的巾帼英雄。尽管关于王昭君的

chuán shuō hòu rén yǒu jiào dà de zhēng yì　　dàn zhāo jūn chū sài de lì shǐ gōng jì shì
传说后人有较大的争议，但昭君出塞的历史功绩是

yīng yǔ yǐ kěn dìng de
应予以肯定的。

诸葛亮 娶丑女为妻之谜

AOMI TIANXIA

sān guó shí qī de zhū gě liàng qǔ chǒu qī zhè jiàn
三国时期的诸葛亮娶丑妻这件

shì fēi cháng lìng rén yí huò yīn wèi zhū gě liàng cái
事非常令人疑惑,因为诸葛亮才

mào shuāng quán wèi shén me xuǎn zé
貌双全,为什么选择

shòu hēi ǎi xiǎo yì tóu huáng fà
"瘦黑矮小,一头黄发"

de chǒu nǚ ā chǒu zuò qī zi ne
的丑女阿丑做妻子呢?

chuán tǒng guān diǎn rèn wéi zhū gě liàng
传统观点认为,诸葛亮

zhù zhòng de shì rén de nèi zài měi yě yǒu rén rèn
注重的是人的内在美。也有人认

wéi zhū gě liàng qǔ chǒu qī yǒu zhèng zhì yīn sù
为诸葛亮娶丑妻,有政治因素。

zhū gě liàng chū shēn bēi wēi dàn kě wàng jiàn gōng
诸葛亮出身卑微,但渴望建功

lì yè yīn wèi huáng chéng yàn zài dāng dì hěn yǒu
立业。因为黄承彦在当地很有

声望，再加上 黄 妻蔡氏和刘表的后妻是姐妹关系，成 为 黄 家的女婿，就能与刘表攀 上 亲戚。另有观点认为，诸葛亮秉 承 贤妻持家的教诲所以娶丑妻，而据《三国志》记载，诸葛亮 其后还娶过一妾。但诸葛亮娶丑妇的 动 机到底如何，就留待后人去研究探寻吧。

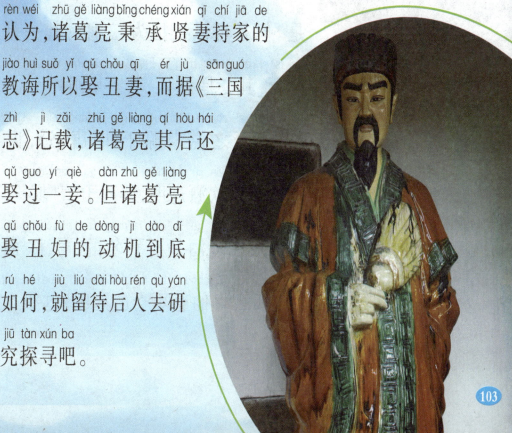

李白是死于水中捞月吗

●●●● AOMI TIANXIA

李白，字太白，号青莲居士，盛唐最杰出的诗人，也是我国文学史上继屈原之后又一伟大的浪漫主义诗人。

诗的内容

李白的诗以描写山水和抒发内心的情感为主，讴歌祖国山河美丽的自然风光，自我表现的主观抒情色彩十分浓烈。

lǐ bái shì táng dài zuì wěi dà de shī rén zhī
李白是唐代最伟大的诗人之
yī sǐ yú gōng yuán nián yuè guān yú tā
一，死于公元762年11月。关于他
de sǐ yīn lì lái zhòng shuō fēn yún mò zhōng yī
的死因，历来众说纷纭，莫衷一
shì dàn shì kě yǐ gài kuò wéi sān zhǒng qí yī shì
是。但是可以概括为三种：其一是
zuì sǐ qí èr shì bìng sǐ qí sān shì nì sǐ
醉死，其二是病死，其三是溺死。

zuì sǐ zhī shuō lái yuán yú jiù táng shū shuō
醉死之说来源于《旧唐书》，说
lǐ bái yǐ yǐn jiǔ guò dù zuì sǐ yú xuān chéng
李白"以饮酒过度，醉死于宣城"。
dàn shì lǐ bái ài jiǔ shì chū le míng de hào chēng jiǔ
但是李白爱酒是出了名的，号称酒
xiān nà me jiǔ xiān huì bu huì zuì sǐ ne zhè hěn lìng
仙，那么酒仙会不会醉死呢？这很令
rén huái yí
人怀疑。

李白的一生，绝大部分都在漫游中度过，游历了大半个中国。

zài jiù táng shū hé xīn
在《旧唐书》和《新

táng shū zhōng yǒu guān lǐ bái de sǐ
唐书》中，有关李白的死，

zhǐ shì jí qí jiǎn dān de shuō tā   fǔ xié jí zhì
只是极其简单地说他"腐胁疾"致

sǐ   yì si shì lǐ bái yīn huàn shàng jí bìng ér sǐ de   táng dài yǒu míng de zhuàn shū
死，意思是李白因患上疾病而死的。唐代有名的篆书

jiā lǐ yáng bīng wèi lǐ bái   cǎo táng jí   zuò de xù yě shuō lǐ bái shì bìng sǐ de
家李阳冰为李白《草堂集》作的序也说李白是病死的。

shì shí shang   lǐ bái zài   suì nà nián   dí què yǐ huàn yǒu yán zhòng de nóng xiōng
事实上，李白在61岁那年，的确已患有严重的脓胸

zhèng dàn tā bú gù   suì gāo líng   hái qǐng yīng shā dí   jié guǒ yīn bìng zhōng tú fǎn
症，但他不顾61岁高龄，还请缨杀敌，结果因病中途返

huí zài jiā shàng lǐ bái cháng nián yǐn jiǔ chéng xìng
回。再加上李白常年饮酒成性，
gèng jiā kuài le bìng qíng de è huà zuì hòu bìng sǐ yú
更加快了病情的恶化。最后病死于
dāng tú xiàn lìng lǐ yáng bīng chù zhè yì guān diǎn bǐ
当涂县令李阳冰处。这一观点比
jiào kě xìn
较可信。

nì sǐ zhī shuō lái
溺死之说来
yuán yú mín jiān chuán
源于民间传
shuō wǔ dài rén wáng dìng
说，五代人王定
bǎo de táng zhí yán
保的《唐摭言》
shuō lǐ bái zhuó gōng
说："李白着宫

jǐn páo fú cǎi shí jiāng zhōng ào rán zì dé páng ruò wú rén yīn zuì rù shuǐ zhōng
锦袍，浮采石江中，傲然自得，旁若无人，因醉入水中
lāo yuè ér sǐ zhè yì shuō fǎ tīng qi lai jí fù làng màn sè cǎi yǔ lǐ bái de xìng
捞月而死。"这一说法听起来极富浪漫色彩，与李白的性
gé hěn xiāng xiàng dàn shì lǐ bái de luò shuǐ shì yīn bìng tǐ nán zhī jiǔ zuì nán chí
格很相像。但是李白的落水，是因病体难支，酒醉难持，

háishì yīnwèi chǔyú chǎng huǎng mí lí de huàn jué
还是因为处于 惝 恍迷离的幻觉

zhōng zhēn de yào lāo qǔ nà shuǐ zhōng de kōng yuè
中，真的要捞取那水中的空月

ne suī rán rén men hěn nán xiāng xìn
呢？虽然人们很难相信

lǐ bái yīn shuǐ zhōng lāo yuè ér
李白因"水中捞月"而

sǐ què yòu wú fǎ cóng zhèng shǐ
死，却又无法从正史

zhōng zhǎo dào tā sǐ wáng de zhēn
中找到他死亡的真

zhèng yuán yīn
正原因。

"诗仙"的诗？

　　李白诗中常将想象、夸张、比喻、拟人等手法综合运用，从而创造出神奇异采、瑰丽动人的意境，其诗作给人以豪迈奔放、飘逸若仙的浪漫主义精神，因此，他也被贺知章称为"诗仙"。

"风波亭" 悲剧之谜

AOMI TIANXIA

岳飞是我国著名的抗金将领、华夏杰出先烈和民族英雄。

岳飞是南宋著名的抗金英雄,他率领的岳家军声威远震,就连金军中都流传着"撼山易,撼岳家军难"的感叹。可是,就在收复中原即将实现的时候,宋高宗赵构却连发12道金牌,下令退兵。岳飞只好含泪退兵,回到京城,秦桧便以莫须有的罪名

将岳飞连同他的儿子及其部将 张 宪毒死在风波亭。

岳飞之死激起了南宋人民的义愤,但直到宋孝宗即位,岳飞才平反,得以迁 葬于栖霞岭。几百年来,人们悼念岳飞的时候都要唾骂奸臣秦桧,但是有人认为杀害岳飞的真 正 主谋并非是秦桧,为什么这么说呢?

首先,秦桧没有杀害岳飞的权力。当时秦桧虽受宋高宗信任,但还不能随意

在轰轰烈烈的抗金民族战争中，岳飞始终冲在最前线。

铲除异己。他在和金人议和失败后，唯恐皇帝会迁怒自己。而岳飞的冤案被称为诏狱，程序严密，外人无法插手，秦桧即使权力再大也不能公开矫诏杀人；其次，是宋高宗赵构钦定的岳飞死罪；第三，秦桧死后，宋高宗对秦桧制造的很多冤假错案都平了反，唯独对岳飞一案不肯昭雪。

这一切证明，宋高宗赵构才是杀害岳飞的真正凶手。他这样做的目的，首先是阻止岳飞收复中原，迎回徽、钦二帝，如果二帝回宫，他就做不了皇帝了；其次是为了防止岳飞拥兵自重，干预朝政。岳飞曾经奏请立储，而高宗恰好无子，所以他早就预谋杀害岳飞了。

岳飞被害前，在风波亭中写下8个绝笔字："天日昭昭，天日昭昭"。

今天的风波亭

南宋时，风波亭在杭州大理寺狱中，多年来由于历次战火而被焚毁。几年前，杭州市按照宋代样式和风格在钱塘门附近重建了风波亭，以此表达对岳飞的敬仰之情。

ⓒ 崔钟雷 2012

图书在版编目(CIP)数据

孩子最爱看的中国奥秘传奇 / 崔钟雷编著.—沈阳:
万卷出版公司，2012.6（2019.6 重印）
　（奥秘天下）
　ISBN 978-7-5470-1865-1

Ⅰ.①孩… Ⅱ.①崔… Ⅲ.①科学知识－少儿读物
Ⅳ.①Z228.1

中国版本图书馆 CIP 数据核字（2012）第 090619 号

出版发行：北方联合出版传媒（集团）股份有限公司
　　　　　万卷出版公司
　　　　　（地址：沈阳市和平区十一纬路 29 号 邮编：110003）
印 刷 者：北京一鑫印务有限责任公司
经 销 者：全国新华书店
幅面尺寸：690mm×960mm 　1/16
字　　数：100 千字
印　　张：7
出版时间：2012 年 6 月第 1 版
印刷时间：2019 年 6 月第 4 次刷
责任编辑：邢和明
策　　划：钟雷
装帧设计：稻草人工作室
主　　编：崔钟雷
副 主 编：张文光 翟羽朦 李雪
ISBN 978-7-5470-1865-1
定　　价：29.80 元

联系电话：024-23284090
邮购热线：024-23284050/23284627
传　　真：024-23284448
E－mail：vpc_tougao@163.com
网　　址：http://www.chinavpc.com

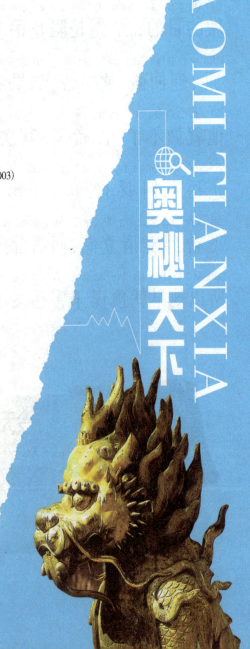